W0237870

dtv

Heiner Geißler

Bergsteigen

Kleine Philosophie der Passionen

Deutscher Taschenbuch Verlag

Ungekürzte Ausgabe
Mai 2008
© 1997 Deutscher Taschenbuch Verlag GmbH & Co. KG,
München
www.dtv.de
Umschlagkonzept: Balk & Brumshagen
Gesetzt aus der Bodoni Book 11,25/14,09' (3B2)
Druck: Druckerei C. H. Beck, Nördlingen
Bindung: Lachenmaier, Reutlingen
Gedruckt auf säurefreiem, chlorfrei gebleichtem Papier
Printed in Germany · ISBN 978-3-423-34481-4

Inhalt

Nichts ist unmöglich

Im Gebirge und auf Berghütten kann man die unglaublichsten Sachen erleben. Auf dem Cerro Fitz Roy, neben dem Cerro Tone die kühnste und steilste eisbedeckte Granitnadel Lateinamerikas, brach vor etlichen Jahren, als gerade eine Gruppe Bergsteiger nach tagelangem Kampf auf dem Gipfel angekommen war, eine riesige Wächte ab und segelte in die Tiefe. Die Gipfelstürmer trauten ihren Augen nicht, als kurze Zeit später die Wächte von unten wieder auftauchte, sich auf die Seilschaft senkte und diese unter sich begrub. Die Leute kamen zwar wieder heraus, hatten aber einen Schock. Sie waren Opfer eines vom Pazifik herantobenden Höhensturms geworden, der alles von unten nach oben blies, was ihm in den Weg kam.

Ende der achtziger Jahre brach von der Nordwand des Piz Roseg im Engadin eine Schnee- und Eislawine ab, die von so gewaltigen Ausmaßen war, daß sie auf der anderen Talseite hundert Meter hoch über den Piz Umur und den Grat, der auf den Piz Scerscen führt, hinüberschwappte und erst auf dem jenseitigen Tschierva-Gletscher am Fuße der Westwand des Piz Bernina zum Stehen kam: Wäre das bei meiner letzten Eistour über die Eisnase auf den Piz Scerscen passiert, hätte ich ein schwungvolles Ende gefunden.

Die naheliegende Frage, warum man überhaupt in solchen Gefilden herumsteigt, wird von vielen, für die die Berge eine Passion sind, mit Unverständnis, bestenfalls mit Nachsicht beantwortet: weil es schön und spannend ist. Das finde ich auch. Aber oft ist es mehr spannend als schön, und dann ist das Schöne eher eine Verklärung, vor allem, wenn man wieder im Tal ist.

Die Berge und die Fasnacht stürzten mich lange Zeit in ein Dilemma, zumindest, solange ich Minister in Rheinland-Pfalz war und in Mainz wohnte. In den Tagen von Weiberfasnacht bis Aschermittwoch setzt am Rhein das normale Leben und partiell der Verstand aus, und am Freitagabend gibt es immer in ARD oder ZDF »Mainz wie es singt und lacht«.

Ich war jedes Jahr wieder hin und her gerissen: Soll ich am Freitag ins Mainzer Schloß und drei Tage später zum Rosenmontagszug in die Mainzer Innenstadt – zumal ich an einem Rosenmontag geboren bin –, oder gehe ich zum Skibergsteigen? In diesem Gewissenskonflikt siegten über Jahrzehnte hinweg immer die Berge. So starteten 1985 meine drei Söhne und ich wieder einmal an Weiberfasnacht Richtung Berner Oberland. Wir übernachteten in Grindelwald, verplemperten Zeit mit ein bißchen Skifahren an der Kleinen Scheidegg und fuhren dann mit dem letzten Zug der Jungfraubahn auf das Jungfraujoch. Wir wollten über den Jungfraufirn, den Concordiaplatz und die Grünhornlücke zur Finsteraarhornhütte. Wir dachten, daß wir das in drei Stunden schaffen könnten. Es gab ja praktisch nur einen Aufstieg, nämlich vom Concordiaplatz zur Grünhornlücke. Wir fuhren um 16 Uhr los und waren dann auch gegen 18 Uhr an der Grünhornlücke und schickten uns an, auf den Fieschergletscher hinunterzufahren. Von dort wäre der Anstieg auf die Finsteraarhornhütte noch eine Sache von einer halben Stunde gewesen. Aber wie es halt so kommt: Plötzlich brach ein Schneesturm über uns herein, der eigentlich nach dem Wetterbericht gar nicht hätte kommen dürfen. Innerhalb weniger Minuten sah man die Hand nicht mehr vor Augen. Da wir die Abfahrt auf den Fieschergletscher auch nicht genau kannten, gingen wir auf Nummer Sicher und fingen an, mit Kompaß, Höhenmesser und Karte uns meterweise durch den Schneesturm in einem absteigenden Bogen auf den Fieschergletscher zuzubewegen. Es war inzwischen schon 21 Uhr geworden, da sagte Michael plötzlich: »Ich glaube, es reißt auf. Da vorne ist ein Licht, ich kann ein Licht sehen.« Das konnte von der Richtung her nur die Finsteraarhornhütte sein. Also nichts wie los, bevor es wieder zumachte. Ich fuhr angeseilt als erster. Die Stirnlampe mußte ich ausschalten, sonst hätte ich das Licht nicht mehr gesehen, hatte dafür aber keine Bodensicht. Das war mir nach dreistündiger Orientierungssuche in der Finsternis nun auch egal, und normalerweise sind im Februar die Gletscher zu. – Normalerweise. Plötzlich verlor ich den Boden unter den Füßen, es gab einen heftigen Schlag, und ich hing irgendwie verquer mit Beinen und Skiern baumelnd am Rande einer Gletscherspalte, wohin mich der Schwung geschleudert hatte, und konnte das linke Bein nicht mehr bewegen. Durch das Knie zuckten solche Schmerzen, daß mir die Tränen kamen. Offensichtlich war mir der Meniskus herausgesprungen. Inzwischen schneite es wieder. Die anderen standen etwas trostlos auf der anderen Seite der Gletscherspalte, die an dieser Stelle drei bis vier Meter breit war. Michael, damals noch Medizinstudent, klärte mich auf, was ich zu tun hatte: »Du mußt mit dem Bein hin- und herschlenkern und mit dem Finger so lange auf den herausgesprungenen Meniskus drücken, bis er wieder hereinspringt.« Das Knie war inzwischen steif vor Schmerz und Kälte, und ich begann mich selbst zu hassen. Obendrein schoß mir durch den Kopf – es war inzwischen Viertel vor zehn geworden: Jetzt sitzen die anderen bei »Mainz wie es singt und lacht« und lachen sich schief über Prinz Pipi von Arkadien, du hockst im Schneesturm mit einem kaputten Knie im Dunkeln auf dem Rand einer Gletscherspalte auf dem Fieschergletscher im Berner Oberland auf 3000 Meter Höhe bei 20 Grad minus. Während ich mich laut selbst beschimpfte, suchten die drei anderen eine Schneebrücke und kamen zu mir herüber. Ich war unfähig, das Bein zu bewegen, und so zog Dominik mit Gewalt meinen Unterschenkel vor und zurück, während Michael versuchte, mit dem Plastikhandgriff des Skistocks den Meniskus wieder in die richtige Stellung zu pressen. Ich leistete Abbitte bei Rolf Braun, bei den Gonsbachlerchen, den Hofsängern und bei den Größen von MCV und MCC, versprach ihnen und allen Heiligen, nie mehr an Fasnacht ins Gebirge zu gehen, und siehe da: Nach dreiminütiger Gewalteinwirkung auf das Knie war der Meniskus wieder drin.

Wir erreichten die Hütte gegen 23 Uhr. Für das Licht hatten zwei Skibergsteiger aus Interlaken gesorgt, die unsere Stirnlampen gesehen hatten. Am nächsten Tag gab es Eisbeutel für mein Knie. Der ganze Gletscher stand dafür zur Verfügung. Und am Sonntag war das Gelenk wieder so weit funktionsfähig, daß wir auf das Große Fiescherhorn steigen konnten. Am Abend hängten wir unsere nassen Klamotten, auch die Innenschuhe unserer

Skistiefel, über den Herd. Wir wollten am nächsten Tag den Fieschergletscher abfahren. Die Hütte war vornehm und hatte sogar Briketts zum Heizen. Gegen Mitternacht hörte ich einen Rumpler, maß ihm aber keine große Bedeutung bei und schlief wieder ein. Plötzlich kriege ich einen Stoß in die Rippen, und Nikolai sagt: »Es ist zwei Uhr, riechst du nichts?« Es stank in der Tat erbärmlich, und beim Schein der Taschenlampe sah ich, daß gelbliche Rauchschwaden in das Matratzenlager zogen. Wir stürmten in die Küche und sahen auf dem Herd nur noch eine blubbernde grau-schwarze Kunststoffpampe. Der rechte Innenschuh meines Sohnes Dominik war auf die Herdplatte gefallen und dort geschmolzen. So eine Sauerei habe ich in meinem Leben selten gesehen. Der Kunststoff war in sämtliche Ritzen und Risse des gußeisernen Herdes und seiner Platten getropft und rann dort, wo er schon den Rand erreicht hatte, auf den Holzfußboden der Hüttenküche, was einen besonders penetranten Geruch bewirkte. Wir holten die Briketts samt glühender Asche aus dem Herd. Das Ganze war ein Drama. Um 7 Uhr in der Früh waren wir fertig. Dominik meinte, nun hätten wir einen sauberen Herd, er aber nur noch einen Schuh. Diese Feststellung und die darin enthaltene Frage waren nicht gerade falsch, denn auf der Finsteraarhornhütte kann man nicht schnell ins Geschäft laufen und etwas kaufen. Das nächste Dorf war Fiesch im Rhônetal – von hier oben nur über einen der längsten und schwierigsten Gletscher der Alpen zu erreichen. Wir diskutierten bis 8 Uhr. Schließlich ging ich zum Eingang der Hütte, wo die Regale mit den obligatorischen Hausschuhen standen, und entdeckte, was wir brauchten: ein paar alte Turnschuhe, die als Hüttenschuhe gedacht waren. Ich nahm sie hoffnungsvoll mit in die Küche, und siehe da, sie paßten in den Schalenschuh hinein. Daraufhin mußte Dominik den Turnschuh anziehen, und dann wurden mit allen Binden und Bandagen, die wir auftreiben konnten, der Turnschuh und das linke Bein so umwickelt, daß der Fuß in den Schalenschuh paßte und dieser einigermaßen gut zugeschnallt werden konnte. Die Sache funktionierte, und wir waren gegen Mittag nach einer abenteuerlichen Fahrt über den Fieschergletscher in Fiesch. Und da im Wallis die Geschäfte auch am Rosenmontag geöffnet sind, bekam Dominik dort einen neuen Skischuh.

Mein Meniskus wurde vierzehn Tage später im Dreifaltigkeits-Krankenhaus in Köln von Prof. Schneider, genannt »Knie-Schneider«, der auch schon Toni Schumacher behandelt hat, anstandslos operiert. Die vorausgegangene nächtliche Notoperation wurde dabei natürlich gebührend gewürdigt.

Man kann auch schon mal mehrere Gipfel an einem Tag machen. Beim Parlamentariertreffen des Deutschen Alpenvereins 1980 stürmten mein Sohn Michael, der damalige DAV-Vorsitzende Sander, der Bergführer Günter Sturm und ich an einem Tag den Wilden Freiger, den Wilden Pfaff und das Zuckerhütl von der Sulzenauhütte aus. Das war ein Konditionstest, den ich leicht bestand, weil ich mich Wochen vorher auf den Viertausendern im Wallis bewegt und zwischendurch auch noch den fast 6000 Meter hohen Cotopaxi in Ecuador bestiegen hatte. Wenn man sich in großen Höhen aufhält, vermehren sich die roten Blutkörperchen, und man kann mehr Sauerstoff aufnehmen. Das ist legales Doping.

Der Cotopaxi hatte es mir schon lange angetan. Ich wollte einmal vom höchsten aktiven, also feuerspeienden Vulkan der Welt ins Innere unserer Mutter Erde gucken. Die Hütte, von der aus die Besteigung beginnt, liegt auf 4900 Meter, also höher als der Montblanc, und das bringt eine Schwierigkeit mit sich, an die man normalerweise gar nicht denkt: Man kriegt in dieser Höhe kaum noch ein Feuer an und kann infolgedessen auch nicht so gut kochen.

Aufgrund der 4000er-Kletterei im Wallis hatte ich eine gute Kondition und kam auch als einziger der Mannschaft mit einem »Andinisten« – so nennen sich dort sinnvollerweise die Alpinisten – auf den Berg hinauf. Wenn man nicht akklimatisiert ist, sind solche Bergtouren ohnehin aussichtslos oder gar lebensgefährlich, erst recht, wenn es über 5000 Meter geht. Der damalige Vorsitzende der Konrad-Adenauer-Stiftung, der frühere Bundesminister Dr. Bruno Heck, rannte zum Beispiel auf 5200 Meter Höhe wie ein Irrer auf dem Gletscher herum und mußte von uns richtiggehend eingefangen werden. Auf dem Gipfel des Cotopaxi hatte ich zwei Erlebnisse. Erstens war es so kalt, daß der Film in meiner Kamera nicht mehr transportiert wurde, sondern splitterte. Zweitens war ich ja auf den Vulkan gestiegen, um in die Erde hineinzuschauen. Was ich sah, übertraf alle meine Vorstellungen. Der gegenüberliegende Kraterrand schien unendlich weit entfernt. Ich sah von ihm nur rosarote Umrisse. Tief unten im Krater kräuselten sich bläuliche Rauchwolken. Daneben wiegten sich grüne Palmen, schimmerten azurblaue Seen, Schwärme von orangefarbenen und gelben Vögeln stiegen empor und setzten sich auf die rotbraune Erde, die von dem leuchtend weißen hundert Meter breiten Schneesaum am Innenrand des Kraters bis auf den Grund des Kessels hinabreichte. Mir fiel auf, daß der Andinista in meiner Begleitung in keiner Weise beeindruckt war und auf meine freudigen Ausrufe und Hinweise mit Unverständnis und Kopfschütteln reagierte. Etwas kam mir verdächtig vor: Ich empfand ein euphorisches Glücksgefühl, obwohl mir fast die Finger abfroren.

Psychologen und Ärzte haben ja immer wieder behauptet, in der dünnen Bergluft könne das Hirn Schaden nehmen, und Halluzinationen trübten die Sinne der Menschen. Laut Reinhold Messner, der es wissen muß, kostet ein Achttausender etwa so viele Gehirnzellen, wie auch bei einem Vollrausch zugrunde gehen. Er hat in einem Interview mit dem ›ZEITmagazin‹ berichtet, daß er darunter leide und die Universität Zürich Untersuchungen an ihm vornehme. Und er fügte hinzu: Nach einer langen Höhentour seien ihm Freunde seltsam fremd geworden. Auf dem Cotopaxi hatte ich keine Freunde, nur einen verängstigten Andinista, aber auch einen lichten Moment. Ich riß mich los von gelben Vögeln, blauen Seen und grünen Palmen und beeilte mich, wieder auf das Gletscherplateau hinunterzukommen.

Bei der Fahrt zurück nach Quito diskutierte ich mit Bruno Heck über die Tour und das Bergsteigen überhaupt. Er war ein begeisterter Bergwanderer, hatte aber für Bergsteiger meiner Sorte, für Klettern und extremes Skibergsteigen, wenig Verständnis. Er meinte: »Du hast Probleme in der Politik, und deswegen machst du solche Sachen.«

Probleme in der Politik hatte ich schon. Ich war Generalsekretär der CDU und hatte Dauerkrach mit Franz Josef Strauß. Der Streit mit Helmut Kohl kam später. Die Unterstellung von Bruno Heck war und ist aber nicht wahr. Ich brauche das Bergsteigen nicht als Psychotherapie für die Politik. Es ist eher umgekehrt. Ich könnte auch ohne Politik auskommen.

Das Bergsteigen ist ein Sport, der den ganzen Menschen fordert, was zum Beispiel Tennis nicht kann. Extrembergsteigen, Klettern, Skibergsteigen – solche Sportarten sind genau das Gegenteil von Aschenbahnläufen im Stadion. Auch der alpine Sport ist Hochleistungssport. Aber man klettert und steigt in der Regel in einer wunderschönen Landschaft, in einer faszinierenden Umgebung, es werden ganz andere geistige Anforderungen gestellt als beim Tennis oder beim Fußballspielen. Damit es einem nicht so geht wie mir auf der Grünhornlücke, muß man ständig das Wetter beobachten und auch beurteilen und muß die Zeit berechnen können, zum Beispiel je nachdem, wie die Sonne steht oder der Mond scheint. Man muß in der Lage sein, Hochgebirgskarten zu lesen, sie zu verstehen und mit Kompaß und Höhenmesser umzugehen – diese Fähigkeiten haben uns an der Grünhornlücke und am Fieschergletscher gerettet. Die Technik will gelernt sein, wenn's ans Klettern geht, die Knotentechnik, die Seiltechnik. Hier Fehler zu machen ist lebensgefährlich. In extremen Situationen braucht man den Willen zum Überleben. Ich habe in Notlagern biwakiert, auch mit meinen Söhnen. Wir haben uns schon gegenseitig das Leben gerettet und sind aus schwierigen Situationen auch wieder herausgekommen. Deswegen bleibe ich dabei: Es ist trotz allem ein kalkulierbarer Sport.

Bergfilme sehe ich mir immer mit einiger Skepsis an. Vor allem dann, wenn der Gipfelheld oben steht und mit bloßen Händen, das Seil um die Schulter geworfen, die Nachkommenden sichert.

›Cliffhanger‹ ist ein Film, den man sich unter kletterfachlichen Gesichtspunkten durchaus ansehen kann. Silvester Stallone wurde von Wolfgang Güllich, einem der besten Kletterer der Welt, gedoubelt. Gleich am Anfang stürzt das Mädchen in die Tiefe, weil sie nicht richtig eingebunden war.

Toni Hiebeler, der nicht nur ein guter Bergsteiger und Kletterer, sondern auch ein begnadeter Filmemacher war, hat in seinem Buch ›SOS in Fels und Eis‹ (Loewes Verlag Ferdinand Carl KG, Bayreuth 1973, S. 194 f.) einmal seine Klettergeschichte vom Ostpfeiler des El Capitan, des weltberühmten Kletterberges im Yosemitetal, erzählt. Die Ostwand des El Capitan ist auf Hunderten von Metern senkrecht und überhängend. Hiebeler wird von dem berühmten Kletterer Royal Robbins gesichert, der vor ihm klettert. Hiebeler sieht von unten, daß Robbins einen erstklassigen Sicherungsplatz hat, schlimmstenfalls konnte er also nur ins Seil pendeln. Nach einigen Metern Kletterei ruft Hiebeler: »He, Royal, zieh das Seil straff.« Hiebelers einzige Sicherung ist dieses Seil, an das er geknotet ist. Ich lasse nun Hiebeler selbst zu Wort kommen: »Royal zog das Seil ein, ich schaute ihm zu – da sah ich mit einem Blick das Unglaubliche: Das Seilende, mein Seilende, das an meinem Klettergürtel verknotet war, kroch wie eine böse Schlange von mir weg, über den Fels hinauf … ja, ich sah es, aber das Komische war, daß ich die Situation zunächst gar nicht begriff: Schau mal, da ist auch noch ein Seil, jagte es mir durch den Kopf – ein Seil? … Was kann das für ein Seil sein? … meines? … gibt's nicht! … die vor Schreck fast starren Augen sahen den Klettergürtel ohne Seil. Blick hinauf zum immer noch davonkriechenden Seilende, Blick zu Royal … ein Schrei des Entsetzens: ›Royal, das Seil, mein Seil, zieh nicht!‹ Royal beugte sich etwas nach außen und erkannte sofort die ganze Misere. Ich klebte erbärmlich am Fels, Arme und Beine ausgespreizt – meiner Lage vollkommen bewußt, zum Glück ohne Panik. Etwa einen halben Meter links von der Senkrechten Royals befand ich mich. Eine fatale Situation. Royal ließ das Seil, dieses elende Seilstück, wieder langsam herab. ›Stopp!‹ rief ich, als es rechts in meiner Höhe zu sehen war. Schnell nochmals den Halt auf den beiden winzigen Tritten überprüft und am linken Griff nachgefaßt, um die rechte Hand für einen Augenblick freizukriegen ... blitzschneller Griff nach dem Seilende, ich erwischte es sofort, fädelte es gezielt durch den Klettergürtel ... ein paar Umschlingungen ... nach dem rechten Griff gefaßt, um einige Sekunden auszuruhen ... noch irgendeine Verschlingung des Seilrestes, und ich war wieder gesichert, bekam von Royal Zug. Wie die Feuerwehr kletterte ich über den Rest der Platte und kam keuchend, mit Schweiß auf den Händen, zu Royal. Er schüttelte den Kopf. Mit Recht.«

Hiebeler wäre beinahe abgestürzt, weil er sich mit einem Knoten angeseilt hatte, der zwar damals gängig war, dem sogenannten Kreuz- oder Weberknoten, der auch in den Lehrbüchern empfohlen wird, aber nur dann ein guter Knoten ist, wenn der Seilrest nochmals mit einem Schlußknoten abgesichert wird. Offenbar hatte sich bei der Kletterei dieser Schlußknoten gelöst, so daß dann der eigentliche Knoten locker wurde. Sicherer ist es daher, sich mit einem gesteckten Sackstich anzuseilen – damit wenigstens das, was dem Toni Hiebeler passiert ist, nicht möglich wird.

Auf den Bergen wohnt die Freiheit oder: Bin ich ein alpiner Fundamentalist?

Gunter Hofmann und Werner A. Perger, beide Journalisten der Wochenzeitung ›Die Zeit‹, haben einige Jahre später die Behauptung aufgestellt, ich würde zwar dauernd den islamischen Fundamentalismus kritisieren, sei aber als Bergsteiger nicht viel besser, nämlich ein alpiner Fundamentalist, der nur »nach oben statt nach unten« will.

Ich glaube selbst, daß im Bergsteigen, vor allem im Extrembergsteigen und Extremklettern – wovon ich in diesem Buch noch einige Geschichten erzählen will –, viel sportlicher Rigorismus in unterschiedlichsten Variationen steckt, vom Spieltrieb bis zum Fanatismus. Aber wahr ist auch, daß Bergsteigen und Klettern für mich einfach ein Bestandteil meines Lebens geworden sind, und zwar einer, der mir besondere Freude macht. Es war auch gar nicht schwer, meine Söhne von diesem Sport zu überzeugen. Es gab keine Bergfahrt, keine Klettertour, keine skibergsteigerische Expedition, zu der ich sie hätte zwingen müssen.

Das Bergsteigen und später das Gleitschirmfliegen haben, neben der gemeinsamen Liebe zur Musik, auch dazu geführt, daß wir uns in der Familie nie auseinandergelebt haben, wie es oft geschieht, wenn die Kinder 14, 15 Jahre alt werden und sich neuen Interessen zuwenden. Für den Zusammenhalt in unserer Familie war es von großer Bedeutung, daß uns nie der Stoff für gemeinsame Gespräche und Pläne ausging. Das Bergsteigen und Klettern hatte die Kinder so gepackt, daß zum Beispiel Michael während des Unterrichts unter der Schulbank seitenweise schwierige Bergrouten und Kletterskizzen aus Bergbüchern und Zeitschriften abschrieb. Sie nahmen sogar in Kauf, daß sie nach längeren Kletterfahrten – sie waren Preisträger von »Jugend musiziert« – mit der Geläufigkeit ihrer Musikinstrumente temporäre Schwierigkeiten hatten.

Macht mir das Gipfelstürmen besonderen Spaß? Was für eine Frage! Es ist ein sehr schönes Gefühl, auf dem Gipfel zu stehen, ein Gefühl des Glücks und der Freude, aber auch der Leistungsbestätigung. Und die Freude ist um so größer – das gehört einfach dazu –, je schwieriger der Aufstieg war. Aber der Gipfel ist nicht allein entscheidend. Von den Bergtouren, die ich unternommen habe, haben nur ungefähr 75 Prozent zu einem »Gipfelsieg« geführt – bei 25 Prozent bin ich umgekehrt. Das Gipfelstürmen ist eben nicht allein Sinn und Zweck der Bergsteigerei.

Ich glaube, bei fast allen Bergsteigern gibt es immer wieder ein Thema: das Umkehren, das Abbrechen einer Bergtour. Bei meinen Söhnen und mir war dies oft ein Problem und hat auch hin und wieder zu richtigem Frust geführt. »Noch eine Stunde bis zum Gipfel. Was mache ich? Von hinten ziehen Wolken auf. Reicht es noch, oder reicht es nicht? Wie sieht es mit dem Abstieg aus? Ist er als Normalweg markiert, oder muß man ihn suchen?« Es gibt Abstiege, die sind wegen der Kompliziertheit der Führe genauso schwierig wie der Aufstieg, so zum Beispiel am Monviso, am Langkofel, am Daint de Mesdi und den sonstigen schluchtartigen, steinschlaggefährdeten Abstiegen in den Dolomiten. Leichter kehrt man schon um, wenn man merkt, daß diesmal die Kondition nicht reicht. Schwierig kann es werden, wenn in der Seilschaft einer noch ganz gut kann, ein anderer aber nicht mehr. Dann ist etwas gefragt, das auch im normalen täglichen Leben verlangt wird und auch dort nicht so häufig anzutreffen ist, nämlich Rücksichtnahme, Verzicht, Freundschaft und Verständnis. Bergsteigen, das habe ich oft gemerkt, auch bei meinen Kindern, hat eine große erzieherische Wirkung.

In letzter Zeit ist, vor allem im Zusammenhang mit dem Extrembergsteigen, aber auch mit dem Gleitschirmfliegen, immer wieder viel spekuliert worden über den psychischen Zustand der Menschen, die einen solchen Sport treiben. Es wurde die Frage nach der Sehnsucht nach Grenzerfahrungen gestellt. Und ich selber bin, nachdem ich mit dem Gleitschirm schwer verunglückt war, oft nach diesem Erlebnis gefragt worden und danach, ob ich an meine eigenen Grenzen stoßen wolle, wenn ich solche Sportarten betreibe. Ich muß ehrlich gestehen, daß ich die Frage nie richtig verstanden habe. Der Extrembergsteiger Reinhold Messner hat sie sich immer wieder gestellt und auch beantwortet. Ich kann dazu nichts sagen, weil ich nie an meine eigenen Grenzen gestoßen bin. – Ich habe immer vorher aufgehört. Bei mir ist es die bloße Freude am Abenteuer, und deswegen quält mich nicht die Sucht, an meine eigenen Grenzen zu stoßen. Jede schwere Bergtour ist eine Herausforderung. Das Gleitschirmfliegen war für mich nie eine Sache für sich, sondern ein Mittel, um das Bergsteigen schöner zu machen, um vom Gipfel schneller wieder hinunterzukommen, denn ich habe in der Regel keine allzu große Freude daran, vom Gipfel wieder hinunterzulaufen. Gesehen und gelernt habe ich das bei Nicole Niquille, der ersten Schweizer Bergführerin, die ich auf der Fründenhütte einmal getroffen und eingeladen hatte, mit mir zusammen auf den Südpfeiler des Schreckhorns zu klettern. Darüber will ich aber später berichten. Sie hat mir damals imponiert, weil sie nicht nach Kandersteg abstieg, wenn sie von der Hütte herunterwollte, sondern immer ihren Gleitschirm dabeihatte und innerhalb einer halben Stunde zum Kaffeetrinken unten im Dorf war. Sie mußte den Schirm natürlich immer wieder hochtragen, aber das ist eine Frage des Trainings und ein Bergsteigergleitschirm relativ leicht. Die Idee, sich so die endlos langen Abstiege zu sparen, hatte schon immer etwas Faszinierendes an sich gehabt und war für mich zum Hauptmotiv geworden, mit dem Gleitschirmfliegen zu beginnen. Den endgültigen Anstoß dazu gab schließlich mein Sohn Michael an der Grande Casse. Aber davon will ich ebenfalls später berichten. Ich hatte bald gemerkt, daß das Gleitschirmfliegen auch für sich genommen etwas sehr Schönes ist, weil man plötzlich fliegen kann wie ein Vogel und sich die Freude am Fliegen dadurch verselbständigt. Dennoch habe ich immer versucht, den Berg nicht aus den Augen zu verlieren. Ich bin von mehr Bergen heruntergeflogen, auf die ich vorher hinaufgestiegen bin, als von Bergen, auf die ich mit dem Auto oder einer Kabinenbahn hinaufgefahren bin. Das Bergsteigen machte das Gleitschirmfliegen für mich eigentlich erst schön.

Das Aufsteigen ist die eigentlich sportliche, aber auch geistige Leistung. Und das Absteigen, das Skiabfahren oder Hinunterfliegen ist schöner, wenn man vorher hochgestiegen ist. Von zehn Bergen, auf die ich gestiegen bin und von denen ich dann hinunterfliegen wollte, habe ich vielleicht in sechs Fällen den Gleitschirm wieder hinuntergetragen. Wenn man mich fragt, warum, dann gibt es darauf eine einfache Antwort: Der Wind hat nicht mehr gestimmt, oder das Wetter war umgeschlagen. Natürlich kann man einwenden, daß das keine sehr beeindruckende Quote ist, wenn zwei Drittel der Unternehmungen unter dem Gesichtspunkt des Hinunterfliegens schiefgehen. Und trotzdem waren diese Touren, bei denen ich den Schirm wieder hinuntergetragen habe, für mich fast genauso schön wie die übrigen, weil eben auch hier der Aufstieg wichtiger war als das Hinunterkommen.

Ich bin oft gefragt worden, ob ich nach meinem Unfall noch einmal gleitschirmfliegen wolle. Ich glaube nicht. Der erste Grund ist meine Familie, der ich das, was sie mit mir nach dem Unfall hat erleben müssen, nicht noch mal zumuten will. Der andere Grund war die Verantwortung den Menschen gegenüber, die mich zum Beispiel in den Bundestag gewählt hatten. Die hätten es nicht verstanden, wenn ich noch mal ein solches Risiko eingegangen und mir noch einmal etwas passiert wäre. Ich habe nach dem Unfall Tausende von Briefen bekommen, und mit Ausnahme von zwanzig anonymen rechtsradikalen Schreiben haben mich alle beglückwünscht, daß ich am Leben geblieben bin. Nun könnte man sagen, das kann einem egal sein, aber mir ist es nicht egal. Es gibt ein Vertrauensverhältnis zwischen mir und den Menschen, die mich wählen, mir Vertrauen schenken, das man nicht enttäuschen darf. Das Gleitschirmfliegen ist eben letztendlich doch einen Tick unkalkulierbarer als das Bergsteigen.

Das hat sich auch bei dem Unfall selbst gezeigt. Er passierte eine Dreiviertelstunde Gehzeit von meinem Haus in Gleisweiler in der Südpfalz, meinem Wahlkreis, entfernt. Der Orensberg liegt zwischen Frankweiler und Dernbach. Meine Söhne und ich hatten schon immer nach einer Fluggelegenheit im Pfälzer Wald gesucht. Das ist nicht ganz einfach, weil dieses Gebirge flächendeckend bewaldet ist und im Gegensatz zu anderen Mittelgebirgen keine freien Wiesen oder Heideflächen aufweist. Am Orensberg war nun seit Jahren eine breite Schneise Richtung Westen geschlagen worden, und in Verhandlungen mit den Bürgermeistern, den Jagdpächtern und der Forstverwaltung war dem Südpfälzer Gleitschirmfliegerclub, dessen Ehrenvorsitzender ich auch heute noch bin, erlaubt worden, dort einen Startplatz einzurichten. Der Landeplatz war auf einer Wiese unten im Dernbacher Tal. Das Fluggelände war schön, eigentlich auch ideal, weil nach Westen gerichtet, aber schwierig, denn der Höhenunterschied zwischen Startplatz und Landeplatz betrug nur etwa 300 Meter, die Entfernung aber 1,8 Kilometer, so daß der Gleitschirm eine Flugleistung im Verhältnis von 1:6 erbringen mußte. Bei Gegenwind und mangelnder Thermik konnte es daher schon einmal passieren, daß man den Landeplatz nicht erreichte und zu einer Baumlandung gezwungen war. Am 18. Oktober 1992 startete ich in einer Situation, die grenzwertig war, um es einmal vorsichtig auszudrücken. Die Windgeschwindigkeit betrug 20 Kilometer pro Stunde, was eigentlich normal ist. Ich bin bei dem Flug selbst auch nicht abgestürzt. Ich war in keine Turbulenz hineingeraten, aber der Wind war unterwegs stärker geworden, und mit dem Schirm, den ich damals flog, konnte ich den Landeplatz nicht mehr erreichen und mußte daher eine Baumlandung versuchen. Dabei kann eigentlich nichts passieren, man bleibt einfach auf einem Baum hängen. Die Schwierigkeit ist dann nur, von dem Baum herunterzukommen. Deswegen ist es ein Irrtum, wenn manche meinen, für das Gleitschirmfliegen brauche man nicht sportlich fit zu sein, weil der Schirm und der Wind und die Thermik einen schon in der Luft halten und hinunterbringen würden. Es wäre für mich kein Problem gewesen, »abzuklettern«. Aber ich war auf dem falschen Baum gelandet, nämlich auf einer kaputten Kiefer. Das konnte ich ihr von oben allerdings nicht ansehen. Sie hatte weder Windbruch noch einen anderen Schaden. Bei der Landung ist dann die Krone abgebrochen, und ich fiel mit ihr den Stamm entlang hinunter. Mit so etwas kann man eigentlich nicht rechnen. Wenn man mich nun fragt, ob durch diesen Unfall meine Einsicht in die Notwendigkeit gestiegen sei, die Waldschäden zu bekämpfen, dann muß ich mit einem klaren Ja antworten, obwohl mir das damals auch nichts geholfen hätte. Vierzehn Tage nach meiner Operation sah ich einen Beitrag über den Waldschadensbericht von Ignaz Kiechle im Fernsehen. Dort hieß es, die Kiefer sei der am meisten geschädigte Baum. Wenn mir das vorher bekannt gewesen wäre, hätte ich mir vielleicht eine Eiche gesucht, aber die gibt es dort nicht.

Neulich habe ich einen Bericht über einen Schneeradmarathon gelesen, der alljährlich in Alaska stattfindet. Das Motto des Wettbewerbs lautet: »the cowards won't show and the weaks will die« – die Feiglinge werden nicht kommen, und die Schwachen werden sterben. Ich habe mich oft gefragt: Trifft das eigentlich für manche Sportarten, vor allem die Extremsportarten Klettern und Gleitschirmfliegen, zu? Sie bieten die Möglichkeit, etwas zu tun, was andere nicht können oder wollen. Und deswegen bin ich auch froh, daß der Unfall so verlaufen ist, daß es diese Alternative noch gibt. Umweltschützer sprechen schon mal von der Verwüstung der Berge, die durch den Massentourismus entsteht. Aber das Erlebnis, auf einem Berggipfel mit zweihundert Leuten zu stehen, habe ich nie gehabt, weil ich auf solche Berge nicht gehe. Etwas ähnliches passiert schon mal, wenn man über eine schwierige Wand auf einen Berg hochklettert, auf den man auf der anderen Seite eine Kuh hochtreiben kann. Im August 1994 habe ich das nach einer Klettertour durch die Nordwand des Peitlerkofels in den Dolomiten erlebt. Aber da wurde es auch interessant. Ich traf auf dem Gipfel eine Gruppe von Jungen und Mädchen aus Niedersachsen. Wir diskutierten über Politik – es war zwei Monate vor der Bundestagswahl – und vergaßen Ort und Zeit. Beim Abstieg kam ich in ein schweres Gewitter. Schön war, daß die jungen Leute ihren Abfall von selbst wieder mit hinunternahmen.

Auch wenn ich mir während mancher Bergtouren oft sage: »Dies war das letzte Mal. Diese Schinderei ist das Allerletzte! Was bist du eigentlich für ein Idiot!«, werde ich immer wieder auf die Berge steigen. Sie sind für mich eine Zuflucht. Früher habe ich manchmal gedacht, daß man ganz weggehen können müßte, gerade in schwierigen Zeiten, die ich ja auch erlebt habe. Das fing schon ziemlich früh an, zum Beispiel im Jahre 1979, als es die Auseinandersetzungen mit Franz Josef Strauß gab. Ich hatte mich damals für Ernst Albrecht als Kanzlerkandidat der Union eingesetzt, und die CSU verlangte dann meine Ablösung als Generalsekretär. Diese Forderung war zwar sinnlos, aber ich bin damals – das weiß ich noch gut – einfach abgehauen und mit meinen Söhnen ins Wallis gefahren. Wir haben auf einer schwierigen Tour das Aletschhorn bestiegen. Als ich da oben stand, waren Bonn und München ganz weit weg, und es wurde mir klar, daß ich, wenn ich nur noch in den Bergen wäre und bergsteigen könnte, nicht unglücklich werden würde. Das Bergsteigen ist für mich immer eine echte Alternative gewesen, sogar als Lebenserfüllung. Und ich weiß, solange ich das noch tun kann, kann mir vieles andere den Buckel rauf- und runterrutschen. Das Bergsteigen hat mich immer innerlich unabhängig gemacht. Und wie gesagt, ich kann in den Bergen fast alles vergessen, was mich stört. Man wird zwar vom Alltag wieder eingeholt, wenn man herunterkommt, aber man kann ja auch wieder hinaufsteigen. Und ich würde es dort oben sehr lange aushalten. Wenn ich dauernd in die Berge »müßte«, würde mich das nicht schrecken.

Natürlich kann man mit einem Snowboard aus einem Flugzeug abspringen und erst mal durch die Luft gleiten, bis der Fallschirm sich öffnet, oder bungeespringen, sogar aus einem Hubschrauber heraus. Ich habe das auch schon getan. Aber einmal reicht. Ich mache Natursport und kein Kunstturnen oder Kunstfliegen. Ich kann die Herausforderung verstehen, zu Fuß den Nordpol aufzusuchen, einmal sehen zu wollen, ob das überhaupt geht, wie es geht, und sich selber zu testen. Aber für mich sind die Berge das Entscheidende, obwohl ich nach wie vor gerne Ball spiele, zum Beispiel Handball. Ich war früher in der Universitätsmannschaft in Tübingen. Ich habe mir auch schon überlegt, ob ich einer Illusion anhänge, ob ich vielleicht nur eine Kompensation für echte Freiheit suche und mir etwas vormache. Aber ich glaube, es war für mich immer eine existentielle Frage, frei zu sein von Zwängen. Die Überlegung, auch in den kommenden Jahren, solange es geht, körperlich und geistig so fit zu bleiben, um das, was mir wirklich Spaß und Freude macht, tun zu können, bedeutet für mich Freiheit. Und wenn der Unfall diese Freiheit zerstört hätte? Dann wäre es sehr schwer geworden. Mit dieser Angst habe ich ein Jahr leben müssen, und ich weiß fast alles, was Behinderte denken und fühlen. Die Wünsche werden einfacher, und man freut sich über den kleinsten Erfolg. Mir ist immer die Hoffnung geblieben, deswegen weiß ich nicht, wie es ist, wenn das negative Urteil endgültig ist. Man wird dann die

Freiheit bewahren und stärken müssen, die einem geblieben ist: die geistige, aber auch die körperliche, die noch da ist. Als Minister in Rheinland-Pfalz habe ich geholfen, den Behindertensport aufzubauen. Die Behindertenolympiade, die alle vier Jahre stattfindet und auf der große Leistungen erbracht werden, empfinde ich nicht als »makabres Spektakel«, wie eine Zeitung schrieb, sondern als ein Ereignis der Ermutigung und der Zuversicht für Millionen Menschen.

Der sogenannte »Extremsport« wird immer wieder in einen Zusammenhang gebracht mit der Gefährdung der Umwelt. Aber Klettern, Bergsteigen und Skifahren darf man fairerweise nicht mit den sogenannten Trendsportarten wie Base-Jumping, Geröll-Skifahren, House-Downing, Canyoning oder Schluchting in einen Topf werfen. In unzähligen Diskussionen im Radio und im Fernsehen wird dann oft das Klettern und das Bergsteigen den Trendsportarten zugezählt, wie überhaupt Talkshows über Risiko- und Extremsportarten immer häufiger werden. In diesen Runden fehlt natürlich nie der Professor für Psychologie und Psychiatrie, der dann am Ende regelmäßig auf wissenschaftlicher Basis Bergsteiger und Kletterer als psychisch geschädigt definiert und einstuft, die nicht auf den Berg, sondern auf die Couch gehören. Eine Sportart ist aber nur für den extrem, der diesen Sport nicht beherrscht. Bergsteigen und Klettern sind für jeden Menschen eine unterschiedliche Herausforderung. Wer nur den Schwierigkeitsgrad drei, also mäßig schwierig, beherrscht, spielt mit seinem Leben, wenn er ungesichert in eine Route mit dem Schwierigkeitsgrad sechs hineingeht. Umgekehrt ist für denjenigen, der den Schwierigkeitsgrad VI beherrscht, der III. Schwierigkeitsgradbereich eher einfaches Gehgelände. Wobei mancher Spitzensportler sein Leben gerade in IIIer-Routen verloren hat, weil er anscheinend spielerisch und leicht diese Routen ohne jede Sicherung durchklettert hat und beim Ausbrechen eines Griffs Rettung eben nicht mehr möglich war.

Ich bekenne mich dazu: Bergsteigen ist ein Abenteuer. Es gehört wahrscheinlich zu den letzten großen Abenteuern, die heute auf der Erde noch möglich sind. Es ist eine immer wieder faszinierende körperliche und seelische, geistige und charakterliche Herausforderung. Es ist, wie gesagt, Leistungssport in wilder und schöner Landschaft, in unmittelbarer Berührung mit der Erde und ihren Pflanzen, mit Fels und Eis in ständiger Abhängigkeit und Beobachtung von Sonne und Mond, den Sternen, dem Wetter, den Wolken am Himmel. Es fordert Können, Umsicht, Solidarität, Moral und Beherrschung der Technik, aber es sollte ein Abenteuer sein, das das Leben schöner macht und nicht vernichtet. Und ein Abenteuer, das für alle da ist: für Männer, für junge und ältere.

Auch für Frauen? Davon erzählt die folgende Geschichte.

Nicole und der Schreckhorn-Südpfeiler

Das Seil läßt sich nicht mehr abziehen. Es klemmt – wie üblich –, wenn es pressiert. Wir sind beim Abseilen vom Schreckhorn im Berner Oberland, auf das wir über den vereisten Südpfeiler geklettert waren. Bevor ich etwas sagen kann, turnt sie die vierzig Meter hoch, holt das Seil aus dem Spalt und schwebt wieder herunter. Einer mußte es ja machen. Nach dem elenden 1200-Meter-Aufstieg über den Gaag zum Einstieg und stundenlanger schwerer Kletterei ist sie immer noch frisch und putzmunter, kein bißchen müde. Wir staunen nicht schlecht – wir, das sind meine beiden ältesten Söhne, Dominik und Michael, und ich – über Nicole Niquille, die erste Schweizer Bergführerin. Ich hatte sie ja am Doldenhorn kennengelernt und eingeladen, mit mir und meinen Söhnen zu klettern – uns hatte der vierte »Mann« für zwei Zweier-Seilschaften gefehlt. Sie war sofort dabei, denn den Südpfeiler des Schreckhorns hatte sie auch noch nicht gemacht.

Ich mußte an Nicole denken, als ich am 3. Januar 1993 die ZDF-Sendung »Mona Lisa« sah, »von, für und über Frauen«. Da wurde unter anderem über den Fall der Elke Conrad aus Gmund am Tegernsee berichtet. Die junge Frau, gut trainiert und bergbegeistert, hatte sich bei der Bergwacht in Rottach zur Ausbildung angemeldet, was beim dortigen Vorstand und der Kreisverwaltung offenbar wie eine Bombe einschlug. Jedenfalls gingen die Verantwortlichen einschließlich Landrat in volle Deckung, es gab keine Gespräche, und Wochen später wurde der Antrag abgelehnt. Frauen waren bei der Bergwacht offensichtlich nicht erwünscht.

Elke Conrad erinnerte sich an das Grundgesetz und zog vor das zuständige Verwaltungsgericht. Die Richter entschieden zu ihren Gunsten, der Landesausschuß der Bergwacht revidierte notgedrungen seine Entscheidung, aber Elke Conrad hatte inzwischen die Nase voll und trat die Ausbildung nicht an. Das kann man schon verstehen, denn es wäre sicher kein Zuckerschlecken geworden. Schade ist es aber auch für die Bergwacht. Die Rottacher hätten die erste Bergwachtfrau in Deutschland, wahrscheinlich im ganzen Alpenraum gehabt und wären in die Alpin-Geschichte eingegangen. Jetzt denken sie wahrscheinlich, daß sie sich blamiert haben, und erinnern sich hoffentlich daran, daß schon vor zweihundert Jahren Frauen auf dem Montblanc standen und ganze Frauen-Seilschaften inzwischen die Himalaya-Berge gestürmt haben.

Catherine Destivelle hat den Bonatti-Pfeiler und

die Eiger-Nordwand solo begangen. Yvette Vaucher war bei den meisten schweren Routen ihres Mannes Michel im Wallis dabei (aber davon redet niemand), Wanda Rutkiewicz stand auf acht Achttausendern, und Robyn Erbesfield, Isabelle Patissier und Lynn Hill lassen sich beim Sportklettern von keinem Mann etwas vormachen. Übrigens: allesamt keine androgynen Muskelmonster.

Heute sind unter den Hobby-Bergsteigern mindestens so viele Frauen wie Männer. Sie sind vorsichtiger, zäher, friedlicher, anpassungsfähiger als Männer, und ihr Wagemut ist dosiert: alles nicht schlecht fürs Gebirge. Also warum dann keine Bergwachtfrauen und Bergführerinnen?

Die Französin Chantal Maudit bestieg den K2 im Alleingang ohne Sauerstoff aus der Flasche. Zurück in Rawalpindi, wurde sie Opfer einer Pressekampagne islamischer Fundamentalisten, die den Gipfelsieg einer Frau nicht verwinden konnten. Sie landete im Gefängnis und entging nur mit knapper Not einer Vergewaltigung. Wenigstens mit so etwas müssen die Bergsteigerinnen hierzulande nicht rechnen.

Aber wir waren damals vor allem wegen des Schreckhorns in das Berner Oberland gekommen: Sein Südpfeiler hatte es uns angetan. Das Schreckhorn, 4078 Meter hoch, ist einer der schönsten, aber auch schwierigsten Viertausender der Alpen.

Schon der Normalweg erfordert sicheres Klettern im III. Schwierigkeitsgrad und eine gute Kondition. Den Tip mit dem Südpfeiler hatte uns Walter Grossen, der bekannte Berner-Oberland-Kletterer, einige Jahre zuvor bei einer Besteigung des Tschingellochtighorns gegeben. Der Pfeiler ließ uns nicht mehr los. Es gibt wohl kaum eine bessere Route auf einen Viertausender: direkte Linienführung, sonnige Exposition, harter, roter Gneis und freie Kletterei – die eleganteste und schönste Route am ganzen Berg – Viertausender-Felskletterei ohne Firn- und Eispassagen, 600 Meter hoch im V. Schwierigkeitsgrad, einsam über der Arena des Schreckfirns zwischen Schreckhorn und Lauteraarhorn.

Ein Jahr vorher hatten wir einen halben Tag lang Zeit gehabt, die Route aus 200 Meter Entfernung Luftlinie genau zu studieren. Wir hatten uns in der Südwestwand des Lauteraarhorns verstiegen und keine Lust mehr, auf den Gipfel zu steigen, und waren in aller Gemütlichkeit auf den Schreckfirn abgeklettert. Damals waren wir ziemlich beeindruckt von den in regelmäßigen Abständen abgehenden Schnee- und Eislawinen aus dem Firnfeld, das sich im oberen Drittel der Südwand in direkter Linie über dem Einstieg der zum Normalweg führenden Rampe befindet. Eine Dreier-Seilschaft brauchte an jenem Spätnachmittag allein zwei Stunden, um sich beim Abstieg über die Lawinenspur zu trauen. Wir sahen aber auch, daß sich von dem Eisfeld eine rinnenartige Schlucht zum Südpfeiler hinunterzog und diesen im unteren Drittel in zwei Teile trennte. Aus dieser Schlucht kamen regelmäßig Eislawinen herunter und fegten über den Pfeiler.

Ein Jahr später sind wir also auf der Schreckhornhütte. Tagwache, wie das Wecken auf den Hütten des Schweizer Alpenclubs heißt, ist für die Schreckhornbesteiger 2 Uhr, für die Lauteraarhorn-Aspiranten 3 Uhr. Wir sind die einzigen, die auf das Schreckhorn wollen, und frühstücken allein. Am späten Abend hat es ein starkes Gewitter gegeben. Dominik kommt von draußen herein und sagt: »Das Thermometer ist auf 5 Grad gesunken.« Nicole macht folgende Rechnung auf: »Pro 100 Meter Höhe sinkt die Temperatur um 0,6 Grad. Der Einstieg zum Pfeiler liegt 1200 Meter höher. Also war es heute Nacht am Pfeiler unter 0 Grad.« Sie fragt: »Ob wir klettern können? Sollen wir nicht einen Tag warten?« – »Der Höhenmesser ist aber gefallen«, wende ich ein, »und der Schweizer Wetterbericht hat für heute hervorragendes Wetter vorausgesagt. Was machen wir, wenn es morgen schlecht wird?« Nach einigem Hin und Her entschließen wir uns, aufzubrechen und es zu versuchen. Wir sind gespannt, wie es da oben wohl aussehen wird.

Um zum Einstieg zu kommen, muß man zunächst den Gaag, eine 1200 Meter hohe Geröllflanke, und anschließend einen Gletscher, den Schreckfirn, überwinden. Ich hasse nichts mehr, als morgens um 2 Uhr, wenn es noch stockfinster ist, mit Stirnlampe und schwerem Rucksack 1000 Meter irgendwo hochzusteigen. Ich komme immer ziemlich schnell ins Schwitzen, die Brille beschlägt, es ist stockfinster, in der Regel saukalt, und das Tempo ist bei vier Leuten höchst unterschiedlich. Ich bin ein Morgenmuffel. Da ich aber einsehe und ich dies auch meinen Söhnen beigebracht habe, daß Tempo im Gebirge die halbe Miete ist, gehen wir zügig, und ich bin oben klatschnaß. Versöhnlich stimmt der allmähliche Sonnenaufgang, der im Osten, also weit draußen hinter dem Schreckhorn, den Himmel langsam erst zartrosa, dann zu einer hellroten Farbenpracht färbt. Oben angekommen, wiederholt sich bei mir die immergleiche Prozedur, die meine Söhne inzwischen resigniert akzeptieren: Ich mache den Oberkörper frei, wasche mich mit Schnee ab und ziehe mir trockene Sachen an. Die nassen Klamotten kommen in den Rucksack. »Das trägst du aber selber«, heißt es wie aus einem Mund. »Das könnt ihr euch sparen. Es ist das alte Lied. Ich muß sowieso alles tragen«, tönt es von mir zurück. Da ich in der Regel der Seilzweite bin, wird mir alles in den Rucksack gepackt, was die anderen beim Klettern nicht brauchen können: Anorak, Pullover, Handschuhe, zwei Liter Wasser und Proviant, bei den Klettertouren in den Dolomiten natürlich auch die Turnschuhe vom Anstieg. Nur Nicole trägt in alter Bergführertradition ihre Sachen selbst.

Wir haben den Einstieg gegen 6 Uhr erreicht. Ein schöner Tag bricht an. Die Sonne geht auf, das Gewitter hat sich verzogen. Aber der Temperatursturz hat den Pfeiler, soweit wir sehen können, mit einer Eisglasur überzogen, so daß an Klettern zunächst nicht zu denken ist. Wir legen erst einmal ein Depot an mit Kleidern, Eispickeln und Steigeisen, da der Auf- und Abstieg ja durchgehend im Fels verläuft. Wir warten bis 8 Uhr, oben scheint die Sonne bereits auf den Pfeiler und schmilzt wenigstens dort das Eis weg. Wir können nicht mehr lange herumstehen und beginnen also trotz Vereisung mit der Kletterei. Es stellt sich bald heraus, daß die Sicherungsmöglichkeiten gleich Null sind, so daß die ersten hundert Meter die Nerven stark strapazieren. Wir geraten an heikle senkrechte Pfeilerstellen. Michael und Dominik klettern als erste Seilschaft voran, dann kommen Nicole und ich. Um den vereisten Stellen aus dem Weg zu gehen, müssen schwierige Varianten genommen werden. Die Schalenschuhe mit ihren Vibramsohlen drohen immer wieder abzurutschen. Wir verlieren viel Zeit, vor allem als wir an die Schlucht kommen. Aus dem über uns liegenden Eisfeld prasseln Eisstücke herunter, sie kommen immer in Schüben. Wir sichern uns, und einer nach dem anderen klettert in höllischem Tempo in den Lawinenpausen auf die andere Seite. Das ist nichts für schwache Nerven. Die Sicherungen haben wegen der Eisdecke oft nur eine moralische Funktion. Nach 250 Metern Kletterei – ich bin der letzte, Nicole geht vor, die beiden anderen sind über uns – sehe ich, daß es ernst wird. Über mir turnt Michael an einer Bogenverschneidung empor, die mich an die Rebuffat-Führe in der Südwand der Aiguille du Midi bei Chamonix erinnert. Von dieser Stelle ist im Kletterführer des Schweizer Alpenclubs nichts zu lesen, sie ist also eine Variante von Michael und Dominik, die uns in den VI. Schwierigkeitsgrad bringt. Daß es jetzt zur Sache geht, erkenne ich auch daran, daß Nicole mir ihren kleinen Rucksack wortlos in die Hand drückt. Ich stopfe ihn wohl oder übel noch in meinen großen Sack hinein und beschließe, Nicole besonders sorgfältig zu sichern. Die beiden anderen sind oben verschwunden, und nun beginnt unsere Zitterpartie. Nicole bringt mit allen Tricks die Seillänge hinter sich, und ich kann ihr nur noch zurufen, bevor sie oben ebenfalls verschwindet, sie möge ständig Seilzug geben, wenn ich nachklettere. An

Fitzelchen von Griffen geht es hinauf, und ich muß in die zwei Haken greifen, die Michael geschlagen hat. Ein Pendler mit dem schweren Sack hätte mir noch gefehlt. Ich kann gerade noch die Karabiner ausklinken, um sofort weiterzuklettern, und lasse die beiden Haken stecken. So etwas tut mir immer weh, aber ich denke an die Nachfolger, die sich vielleicht darüber freuen, wenn sie in demselben Verhauer landen. Aber oft sind solche Haken, wenn man sie von unten sieht, der verführerische Anlaß, in die falsche Route einzusteigen. Also doch nicht stecken lassen?! Mal wieder ein moralisches Paradoxon. Was man tut, ist falsch. Ich bin rasch bei Nicole, und plötzlich sind wir voll in der Sonne, und es geht gegen Mittag zu. Nach ungefähr 300 Metern hört die Vereisung auf, und die folgende Kletterei entschädigt uns für das, was wir bisher erlebt haben. Es ist Genußklettern im IV. und V. Grad. Bombenfester Fels bis direkt unter den Gipfel. Auf den letzten 150 Metern erinnere ich mich daran, daß der Südpfeiler eine interessante Vorgeschichte hat. Die Erstbegehung ist nämlich ziemlich nebulös. Die Erstbegeher schildern die letzten Seillängen sehr unklar, sie kletterten, wie sie sagten, im Nebel. Die Bergsteiger Schmidt und Munter, die 1955 den Pfeiler bestiegen hatten, zweifelten schon damals, daß die Erstbegeher die letzten Seillängen tatsächlich über den Pfeiler geklettert waren. Ich gebe ihnen recht. Eine senkrechte Rißverschneidung mit Quergang unter einem Dach, etwas akrobatische Plattenkletterei und ein schwieriger Ausstieg auf den Gipfelgrat, das sind markante Kletterstrecken, die eigentlich die Erstbegeher hätten beschreiben können und müssen.

Wir sind um 16 Uhr auf dem Gipfel und steigen über den Südwestgrat ab, zweimal verklemmen sich die Seile beim Abseilen, aber um 20 Uhr sind wir schließlich am Depot. Die restlichen 1200 Meter kann man auch im Dunkeln gehen, aber die Probleme hören noch nicht auf. Beim Queren einer Blankeiszone ruft Michael plötzlich: »Mein Steigeisen ist abgebrochen.« Wir müssen langwierig sichern, und zu guter Letzt machen auch die Batterien von drei Lampen nicht mehr mit, so daß wir die Geröllflanke mit der einen noch funktionierenden Leuchte von Nicole bewältigen müssen. Die Verhauer und Verrutscher sind also vorprogrammiert, aber irgendwie kommen wir hinunter auf den unteren Gletscher. Um 2 Uhr, also genau 24 Stunden nach unserem Aufbruch, sind wir wieder in der Hütte, wo sich bereits die nächsten Schreckhorn- und Lauteraarhornbesteiger fertigmachen. Vom Hüttenwirt, einem pensionierten Korporal der Schweizer Armee, bekommen wir noch einen Rüffel, weil man in einer ordentlichen Schweizer Hütte um 2 Uhr nachts zwar aufbricht, aber nicht ankommt.

Diese Bergtour hatte noch ein Nachspiel. Ein befreundeter Pressefotograf, der mit auf der Hütte war, hatte am späten Abend, als wir noch nicht da waren, die ›BILD‹-Zeitung angerufen und berichtet, wir seien verschollen. Am übernächsten Tag titelte unsere deutsche Allerweltszeitung auf der ersten Seite in überdimensionalen Buchstaben: »Heiner Geißler in Bergnot«. Von Schneesturm, Eislawinen und Höhengewittern war da zu lesen. Als ich zwei Tage später von Grindelwald aus mit meinem Büro telefonierte, fragte mich mein Pressesprecher Jürgen Merschmeier: »Wieso sind Sie eigentlich noch am Leben?«

Lieber nicht – Von Lawinen, Steinschlag, Blitz und Donner

Als wir auf dem Gipfel des Schreckhorns standen, hörte ich meine Söhne sagen: »Die nächste Tour ist die Nordwand.« Michaels und Dominiks Bemerkung galt dem Eiger, der jenseits des Grindelwaldgletschers und des sogenannten Eismeeres mit seiner 800 Meter hohen Südwand vor uns stand. Noch unter dem Eindruck des hart errungenen Gipfelsiegs und der erfolgreichen Kletterei begann eine heftige Diskussion über die Eiger-Nordwand. »Ich gehe nicht in die Wand«, sagte ich, »sie ist so gefährlich wie hoch.« – »Tempo ist die halbe Miete, sagst du immer«, entgegnete Michael. »Aber ich kann weder in 24 Stunden da hochrennen, noch will ich viermal biwakieren«, war meine Antwort. »Ihr könnt es schaffen, aber so etwas muß man sich dreimal überlegen.«

Nach einigem Hin und Her brechen wir die Diskussion ab, aber während des langen Abstiegs über den Südwestgrat des Schreckhorns werfen wir immer wieder einen Blick hinüber auf die andere Seite, zur Südwand des Eiger, bis sie hinter unserem Grat verschwindet. – Eine Wand, die manchem erfolgreichen Nordwandbegeher zum Verhängnis wurde, weil er nach Tagen harten Kampfes in der Nordwand im Schneesturm den Gipfelgrat verfehlte und auf der anderen Seite hinunterfiel. Die Eiger-Nordwand ist eine Wand der Superlative, 1800 Meter hoch, nicht der höchste, aber der bedrohlichste und imposanteste Steilabbruch der Alpen. Die klassische Nordwandroute der Erstbegeher, vor fast 60 Jahren erfolgreich durchmessen, zieht sich vier Kilometer lang kreuz und quer durch die Wand, verläuft zu fünfzig Prozent im Eis mit einer Neigung bis zu 60 Grad, die andere Hälfte über meist brüchiges Felsgelände. Nur zwanzig Prozent führen über festen Fels des IV. und V. Schwierigkeitsgrades.

Diese düstere und für viele unheimliche Riesenwand ist nicht nur eine imponierende und herausfordernde Felsgestalt, sie ist, wie der erfahrene Toni Hiebeler, dem die erste Winterbesteigung gelungen war, schreibt, »in erster Linie eine gefährliche Wand«. Bis heute glückten über 1000 Begehungen. Aber es gab auch fünfzig Tote. Ich glaube nicht, daß es eine Wand auf der Welt gibt, die im Verhältnis zu den gelungenen Touren so viele Todesopfer gefordert hat.

Sicher hat die Eiger-Nordwand, seit 1938 den Deutschen Anderl Heckmair und Ludwig Vörg zusammen mit den Österreichern Fritz Kasparek und Heinrich Harrer die erste Begehung gelang, viel von ihrem Schrecken verloren. Durch die bessere Ausrüstung, aber vor allem durch die Möglichkeit der Hubschrauberrettung scheint sie für viele »machbar« geworden zu sein. Eine meiner Meinung nach zu kurz gedachte Einschätzung der Chancen. Die Rekordleistungen eines Thomas Bubendorfer – der 1983 die Wand innerhalb von fünf Tagen zweimal bezwang –, eines Reinhold Messner und Peter Habeler oder eines Christophe Profit und Stefan Glowacz widerlegen nicht die extreme Gefährlichkeit der Wand, sondern beweisen das enorme Können und Glück dieser außergewöhnlichen Bergsteiger. Denn Tatsachen sind auch, daß Walter Bonatti, der wohl beste italienische Bergsteiger der fünfziger und sechziger Jahre, vom Steinschlag getroffen umkehren mußte und daß der Nanga-Parbat-Bezwinger Hermann Buhl nach drei Tagen in der Wand erklärte: »Nie wieder!«

Wer auf Berge steigt, ob im Sommer oder mit Ski im Winter, wer klettert oder kombinierte Touren in Fels und Eis unternimmt, sieht sich immer zwei Problemen gegenüber. Er muß mit den subjektiven und mit den objektiven Gefahren fertig werden. Die subjektiven sind im Bergsteiger selbst begründet und können zum großen Teil ausgeschaltet werden, zum Beispiel mangelnde körperliche Kondition und mangelndes Wissen. Weil ich im Winter und im Sommer in die Berge will, trainiere ich in der Zeit dazwischen, soviel ich kann. Ich mache jeden Tag fünfzehn bis zwanzig Klimmzüge und vierzig bis fünfzig Liegestütze und jeden zweiten Tag Waldläufe, meistens bergauf und jeweils ungefähr eine Stunde lang. Wenn man nur bergwandert, ist ein solches Konditionstraining sicher nicht notwendig. Aber zu regelmäßiger körperlicher Betätigung und sportlicher Aktivität und einer vernünftigen Ernährung das ganze Jahr über muß man eigentlich jedem raten, der seinen Urlaub in den Bergen verbringen will. Es macht auch keinen Sinn, sich vor einer Bergtour allein auf die Auskünfte der Einheimischen im Dorf oder auf der Hütte zu verlassen. Ich habe es immer als Vorteil empfunden, daß ich Karten lesen konnte, mit Kompaß und Höhenmesser umzugehen verstand und daß ich mich in der sehr umfänglichen Bergführerliteratur über die geplanten Routen kundig machen konnte. Es kann ja auch einmal notwendig werden, auf unvorhergesehene Ereignisse zu reagieren, einen anderen Abstieg zu nehmen – falls man sich beim Klettern einen Verhauer leistet oder beim Bergwandern verirrt. Zu wissen, daß man sich aus eigener Kraft helfen kann, ist beruhigend. Wer auf solche Situationen nicht vorbereitet ist, sollte eigentlich gar nicht in die Berge gehen. Psychische Labilität gehört ebenfalls zu den subjektiven Gefahren. Ich habe die Erfahrung gemacht, daß erfolgreiche Bergtouren Menschen, die psychisch angeschlagen waren, wieder stabilisiert haben. Das Erfolgserlebnis gibt neue Selbstsicherheit. Die Erfahrung nimmt mit der Zahl der Touren zu, und deswegen sind auch diese subjektiven Gefahren im Grunde genommen überwindbar. Die objektiven Gefahren hängen vom Berg ab, genauer von der Tour, die geklettert wird. Dazu gehören vor allem Lawinen, Stein- und Eisschlag, brüchiger Fels, Gletscherspalten, aber auch Wetterstürze und Blitzschläge. Doch auch diese objektiven Gefahren kann man minimieren. Ich habe am meisten Angst vor Lawinen und Gewittern. Wenn ich von ferne Donner höre, breche ich, wenn dazu noch die Möglichkeit besteht, die Tour in der Regel ab, lasse mich aber auch schon einmal breitschlagen, weiterzugehen, wenn der Seilpartner unbedingt darauf besteht. Manchmal kann man bei einem aufziehenden Gewitter nicht mehr zurückklettern, und dann gibt es nur noch eine Devise: so schnell wie möglich auf den Gipfel und wieder hinunter. Wenn es einen dann einmal erwischt im Hochgebirge, muß man starke Nerven besitzen. Ich habe einmal mit meinem Sohn Dominik im Biwak unterhalb der Roccia Nera zwischen Breithorn und Pollux auf 3750 Meter Höhe biwakiert. In der Nacht kam ein Höhengewitter. Es ist wohl das infernalischste Ereignis, das man im Hochgebirge erleben kann, eines, das man seinem schlimmsten Feind nicht zumuten möchte. In dieser Höhe befindet man sich direkt im Zentrum des Gewitters, und das Beeindruckendste sind nicht die arm- und beindicken Blitze, die in orange bis gelbfahler Farbe ringsherum einschlagen, sondern die unmittelbar darauffolgenden Donnerschläge, die so stark sind, daß sie einen in der kleinen Metall-Behausung einen halben Meter hochschleudern können. Während des Tobens der Elemente fragte ich mich verzweifelt, ob das Biwak auf Schweizer Seite oder auf italienischer Seite liegt. Ich hatte zu den Schweizern mehr Vertrauen, ein blitzgesichertes Biwak zu bauen, als zu den Italienern. Ich hatte den italienischen Ingenieuren damit allerdings Unrecht getan. Das Biwak stand auf italienischer Seite, und uns passierte nichts. Ich hätte es vorher wissen können: Das Biwak trägt den klassischen italienischen Namen Cesare e Giorgio.

Wegen des Stein- und Eisschlages sind mir Grat- oder Pfeilerklettereien auch immer lieber als reines Wandklettern. Es ist lebenswichtig, jede Tour und jede Route unter dem Gesichtspunkt der Minimierung der objektiven Gefahren genau zu studieren und möglicherweise Alternativen zu wählen.

Es gehört Verstand, aber auch Moral dazu, diese objektiven Gefahren, wenn man ihnen nicht ausweichen kann, auf ein Minimum zu verringern. In der Eiger-Nordwand ist nicht viel zu minimieren. Zwar sind die drei Eisfelder der Wand und die »weiße Spinne«, ein im oberen Wanddrittel befindliches Schnee- und Eisfeld, zurückgegangen, und das Gelände ist dadurch trockener geworden. Dennoch gibt es nach wie vor ein Maximum an objektiven Gefahren. Zwar ist meines Wissens dort noch keiner vom Blitz getroffen worden, aber alles andere gibt es in kombinierter Wucht: Steinschlag, Eis- und Steinlawinen, in der Regel vereistes, brüchiges, dachziegelartig nach unten geschichtetes Gestein, Wasserfälle, die fast jeden Nordwandbegeher bis auf die Haut durchnässen und bei einem Wettersturz für jene nasse Kälte sorgen, die bei erzwungenem mehrtägigem Biwakieren häufig zum Tode führt.

Luftrettung setzt gutes Wetter voraus, und das ist am Eiger weniger sicher als anderswo. Die Möglichkeit aber, aus der Luft gerettet zu werden, verführt dazu, in die Nordwand einzusteigen nach dem Motto: »Wenn's schiefgeht, holen die mich raus.« Eine Fehleinschätzung, der schon viele zum Opfer gefallen sind. Tempo kann, wie gesagt, die Gefahr verringern. Gerade deshalb glaube ich, daß die Eiger-Nordwand solchen Bergsteigern vorbehalten bleiben muß, die ihr nicht nur technisch, sondern vor allem konditionsmäßig und psychisch gewachsen sind. Man muß in der Lage sein, die »Rampe« am Beginn des oberen Drittels der Wand bis elf Uhr vormittags zu erreichen; denn sobald die obere Wandhälfte von der Sonne beschienen wird, ist auf den drei Eisfeldern und in der »Spinne« der Teufel los. Ein Mann wie Reinhold Messner, der drei Anläufe nehmen mußte, um durch die Wand zu kommen, sagt: »Am Nachmittag wäre es Wahnsinn, ja Selbstmord, hier zu klettern.«

Ich liebe die Berge und bin ein begeisterter Bergsteiger und habe schon viele schwierige Bergfahrten unternommen, aber unter den vielen extremen Bergsteigern haben mir die am meisten imponiert, die nicht abgestürzt, sondern am Leben geblieben sind.

Wer in den Bergen umkommt, ist jedenfalls kein Held. Es sei denn, er hat sich für einen anderen geopfert. In der Eiger-Nordwand ist der Zufall wichtiger als das Können. Wenn man mich fragt, sage ich daher: lieber nicht.

Der Weg als Ziel

Ich habe als kleiner Junge ein paar Jahre in Tuttlingen verbracht, einer Stadt am südlichen Rand der Schwäbischen Alb und am Anfang des Donautales, in dem sich eine der schönsten Felslandschaften Deutschlands befindet. Oberhalb unseres Hauses gab es ein paar kleine Felsen. Ich kann mich erinnern, daß ein Felsen den Namen Nasenfelsen hatte und vielleicht vier oder fünf Meter hoch war. Es hat mich damals einfach gereizt, die Kante rauf- und runterzuklettern. Es war wahrscheinlich kindliche Neugier genauso wie bei anderen Versuchen, die man in diesem Alter abenteuerlustig unternimmt. Der Sprung vom Garagendach mit einem aufgespannten Regenschirm, um eine neue Variante des Fallschirmspringens zu erfinden, endete kläglich und hätte eigentlich eine Vorwarnung für das spätere Gleitschirmfliegen sein müssen. Das Klettern lernte ich auf eigene Faust. Ich kraxelte eben, soweit ich kam und soweit ich es mir zutraute. Im Donautal mit seinen wunderschönen weißen, senkrechten Kalkfelsen konnte man vor sechzig Jahren klettern und laufen und wandern, wie und wo man wollte. Heute sind von rund 500 Felsen 490 gesperrt. Eine überzogene behördliche Naturschutzmaßnahme.

Zum ersten Mal kam ich in den Allgäuer Alpen in Berührung mit dem Hochgebirge. Wir wanderten und kletterten den Heilbronner Weg. Der erste Zweitausender, den ich bestieg, war das Hohe Licht, dem folgte die Mädelegabel, und dann ging es weiter bis zum Hochvogel. Bei dieser ersten Gebirgstour wurde ich auch gleich mit der gefährlichen Seite des Bergsteigens konfrontiert: Beim Aufstieg auf die Rappenseehütte kam uns plötzlich von oben ein Rucksack entgegen. Er machte die tollsten Sprünge, flog über den Weg und verschwand unten im Tal. Der Besitzer kam sich mehrfach überschlagend gleich hinterher und blieb auf dem Weg liegen. Er war beim Alpenrosenpflücken ausgerutscht – es hatte vormittags geregnet – und hatte sich nicht mehr halten können. Er hatte mehrere Knochenbrüche und wurde einige Zeit später von der Bergwacht nach Oberstdorf abtransportiert.

Während meiner Studienzeit in München ging es mit dem Klettern dann richtig los: im Wettersteingebirge, im Karwendel und im Wilden Kaiser. Anfang und Mitte der fünfziger Jahre war es schwierig, verkehrsmäßig überhaupt ins Gebirge zu kommen. Ein Schweizer Studienfreund, kein Kind armer Eltern, brachte eines Tages ein Vehikel mit nach München, das ich bis dahin noch nie gesehen hatte, ein Tandem. Damals natürlich nur mit einer Übersetzung, groß, schwer, aus massivem Stahl, starr, ohne Freilauf; bremsen mußte der Vordermann mit einer winzigen Vorderradbremse. Wenn es zu schnell ging und die Gefahr bestand, daß die rotierenden Pedale einem die Haxen abschlugen, mußte man während der Fahrt einfach abspringen und das Fahrzeug seinem Schicksal überlassen. Mit diesem Apparat fuhren wir regelmäßig morgens um halb fünf Richtung Gebirge los, zum Beispiel am Tegernsee entlang nach Wildbad Kreuth, das damals noch nicht von der CSU beherrscht war. Dort stellten wir das Tandem ab, rannten auf den 2196 Meter hohen Guffert, der schon im Österreichischen liegt, kletterten in den Wänden herum, liefen zum Fahrrad zurück und fuhren noch am selben Abend wieder nach München. Auf diese Weise kamen wir auch öfter nach Garmisch und auf die Alpspitze oder über die Zwölferkante auf die Zugspitze. Das war schon damals eine gute Leistung, zumal die Ausrüstung noch ziemlich vorsintflutlich war.

Später erinnerte mich diese Radfahrerei an Hermann Buhl, den wohl besten Bergsteiger und Kletterer, den es meiner Meinung nach je gab, Erstbesteiger des Nanga Parbat, der später auf tragische Weise an der Chogolisa durch einen Wächtenbruch ums Leben kam. Er hat noch ganz andere Sachen gemacht, zum Beispiel ist er an einem Wochenende einmal mit dem Fahrrad von Landeck ins Engadin, nach St. Moritz und über den Malojapaß hinunter ins Bergell gefahren, ist die Badile-Nordostwand geklettert, ins Tal gerannt und am Sonntagabend mit dem Fahrrad wieder nach Landeck zurückgefahren. Dabei ist er einmal vor Müdigkeit vom Fahrrad und oberhalb von Landeck in den Hochwasser führenden Inn gefallen, was ihn schnell wieder munter machte.

Etwas ist mir in den Bergen klargeworden: Glück stellt sich nicht ein, wenn alles leicht und bequem ist. Das Gefühl des Glücks ist die Antwort auf eine bestandene Herausforderung und das Ergebnis von Selbstüberwindung. Selbstverständlich gibt es da Parallelen zur Politik. Was man tatsächlich gleichermaßen beim Bergsteigen wie in der Politik braucht, sind Kondition, Übersicht und Nerven. Man muß, in der Politik wie im Gebirge, immer wieder darüber nachdenken, ob man alles richtig macht. Aber man muß sich auch über sein Ziel im klaren sein. Politische und bergsteigerische Ziele müssen erstrebenswert sein. Man muß genau wissen, was man will.

Mut, Einsatz- und Risikobereitschaft sind am Berg genauso notwendig wie in der Politik. Wer gut und richtig bergsteigen und auch wieder gesund herunterkommen will, braucht Intelligenz und Moral. Damit meine ich nicht den »inneren Schweinehund«, den es zu überwinden gilt, sondern Moral in dem Sinne, daß man bereit sein muß, zurückzustehen und einen anderen vorbeizulassen, der es besser kann.

Wer auf den Berg will, ob auf leichten, schweren oder sehr schwierigen Wegen, der braucht Freunde, auf die er sich verlassen kann und die sich auf ihn verlassen können müssen. Man braucht auch die Fähigkeit, solidarisch zu sein. Wenn in der Seilschaft gestritten wird, kehrt man am besten um. Sooft es möglich ist, begleiten mich meine Söhne Dominik, Michael und Nikolai. Sie sind sehr gute Kletterer. Auf sie kann ich mich verlassen.

Für uns vier macht die Kombination von körperlicher Herausforderung, charakterlichen Ansprüchen und technischen Fähigkeiten das Klettern und Bergsteigen so attraktiv.

Jede Bergtour ist ein neues Abenteuer, das es zu bestehen gilt. Viele versuchen, in diesem Abenteuer – wie Reinhard Karl, der im Himalaya verunglückte großartige Mensch und Bergsteiger, etwas spöttisch sagte – »Selbstverwirklichung« zu finden, aber vielleicht ist es auch nur ein bißchen Freiheit und Glück.

Mit meinem Sohn Michael gab es eine Zeitlang ab und zu einen Disput. Wenn wir kletterten, sagte ich schon mal: Schau dir den Enzian an oder die Farben des weißen Kalksteins und des blauen Himmels. Er brummte dann nur und sagte: »Mir geht's ums Klettern.« Er war damals 21 Jahre alt. Ging es ihm wirklich nur darum? Ich glaube nicht. Heute denkt er anders. Ich habe bei Reinhard Karl einen guten Satz dazu gefunden: »Ich bin bei meinem Umweg über die Berge viel weiter gekommen, als wenn ich den flachen Pfaden gefolgt wäre.«

Auch der Berg muß eine Chance haben

Skifahrer, die mit der Kabine von Courchevel auf den Saulire fahren, können, wenn bei der Gipfelschau ihr Blick nicht von der Kulisse des Montblanc gefangen wird, im Norden eine eindrucksvolle Berggestalt sehen, die vor allem durch einen formschönen Doppelgipfel und eine imposante vergletscherte Südwestflanke ins Auge sticht: die Grande Casse, mit 3865 Metern der höchste Berg in Savoyen zwischen dem Montblanc und der Dauphiné. Blickt man dagegen auf der anderen Seite des Tales vom Gipfel des Roche de Mio oberhalb von La Plagne auf den steilen felsigen Westgrat des Berges, der sich vom Col de la Grande Casse auf den Gipfel emporzieht, erkennt man links hinter dem Westgrat im ewigen Schatten – sozusagen als Gegenstück zur sonnenbeschienenen Südwestflanke – die leicht konkav geformte, düstere 55 bis 70 Grad steile 700-Meter-Nordwand der Grande Casse.

Ich hatte in jenem Winter 1982/83 wegen des Bundestagswahlkampfes wenig Zeit, wollte aber mit meinem Sohn Dominik unbedingt diese Wand hinauf – eine Winterbesteigung der Extraklasse.

Wir verabschiedeten uns am Silvesterabend 1982 von der Familie, die in La Belle Plagne Urlaub machte: Ich sagte zu meiner Frau und dem Rest der Familie: »Regt euch nicht auf, morgen abend sind wir wieder zurück.« Ein riskantes Versprechen, wie sich noch herausstellen sollte. Dominik, der damals gerade bei der Bundeswehr war, verkündete unser Programm knapp und überzeugend: »Also, am ersten Tag steigen wir mit Ski auf den Col de la Grande Casse an den Wandfuß, dann wird biwakiert. Am anderen Tag geht es die Wand hoch. Dann sofort wieder abklettern und am späten Nachmittag mit den Ski ins Tal zurück.« Der Vorschlag des Jüngsten, Nikolai, die Tour erst am Tag darauf zu machen und an Silvester bei der Familie zu bleiben, wurde mit Wetter- und Witterungsgründen abgelehnt. Diese Antwort war, wie sich zeigen sollte, nicht ganz falsch.

Also fuhren wir am 31. Dezember nach Pralognan-la-Vanoise, das in einem idyllischen Tal auf 1418 Meter Höhe liegt. Rund 2400 Meter Höhenunterschied liegen vor uns; zum Wandfuß knapp unterhalb des Col de la Grande Casse sind es 1700 Höhenmeter, die wir, trotz turmhohen Gepäcks mit Zelt, Daunenschlafsäcken, Doppelseil, Eis- und Kletterausrüstung, gegen 3 Uhr nachmittags hinter uns gebracht haben. Der Col de la Grande Casse kann einem fast angst machen: Auf der östlichen Seite der sich auftürmende steile Westgrat mit der anschließenden Nordwand und im Westen die senkrechte, teilweise überhängende Felsmauer der Aiguille de l'Épéna. Wir sind trotz der Gewalttour zufrieden. Das Wetter scheint zu halten, aber es ist abartig kalt. Abends kochen wir, doch der volle Suppentopf, zur Bekämpfung des Hungers und der Kälte und als Silvesterfestessen gedacht, wird von Dominik plötzlich ohne Vorwarnung mit einem unvorsichtigen Fußtritt ins Zeltinnere befördert. Mir verschlägt es die Sprache, dem Täter auch. Anderthalb Stunden Schneeschmelzen und Warmmachen der Suppe waren umsonst, und die Lebensdauer der Gaskartuschen ist begrenzt. Aber die Kälte hat auch ihr Gutes. Die Suppe gefriert sekundenschnell auf dem Zeltboden. Wir schlagen den gefrorenen Suppensee in kleine Stückchen und können ihn im noch warmen Topf sofort recyceln. Eine halbe Stunde später wird gegessen. In Erwartung weiterer Höhepunkte, die sich aber nicht ereignen – drei Flugzeuge und zwei Sternschnuppen ziehen hoch über uns in der schwarzen Nacht ihre Bahn –, schlafen wir ein.

Am anderen Morgen kommen wir erst um 8 Uhr los. Die Nordwand der Grande Casse weist mehrere Führen auf, die Direttissima ist die sogenannte Italienerführe, die direkt auf den Gipfel führt. Daneben gibt es wie in fast jeder Eiswand parallel verlaufende Eisanstiege, die dann ein paar Meter unterhalb des Gipfels ins Freie führen. Die Wand sieht an diesem Tag uneinheitlich aus: weite Stellen Blankeis, aber auch mit Schnee gefüllte Rinnen. Es stellt sich bald heraus, daß die Schneeauflage ganz dünn ist, sich darunter aber kein Blankeis, sondern poröses, leicht splittriges Eis verbirgt, in das die Vorderzacken der Steigeisen gut eindringen. Viel zu sichern gibt es aber nicht – selbst die längsten Eisschrauben finden keinen Halt. Das sollte uns später noch fast zum Verhängnis werden. Wir steigen also seilfrei durch die Wand. Im Blankeis des oberen Drittels wird überschlägig geklettert und gesichert, das heißt, der Untere klettert am Sichernden vorbei nach oben, bis das Seil »aus« ist, sichert dann seinerseits den anderen, der nachkommt und ebenfalls durchklettert und dann den anderen wieder sichert. Über und hinter uns ist blauer Himmel, aber was heißt das schon in einer Nordwand. Fast senkrecht über uns fegen die Schneefahnen über den Gipfelgrat in den blauen Norden. Ich bin unruhig, der Höhenmesser war am Morgen drei Zehntelstriche gestiegen. Gegen 12 Uhr mittags, knapp unterhalb des Gipfels, auf dem Westgrat, empfängt uns der Sturm, und wir schauen in eine von Südwesten hochkochende Wolkensuppe. Wir verzichten auf die restlichen 50 Meter bis zum Gipfel und machen, daß wir hinunterkommen. Die Wand ist, von wenigen Ausnahmen abgesehen, ungefähr 55 bis 60 Grad steil. Weil wir die untere Hälfte der Wand nicht sichern können, müssen wir uns für den Abstieg genügend Zeit lassen. Wir haben nicht die heute üblichen modernen Steigeisen mit Fersenspannern, sondern müssen sie noch vorne und hinten mit Riemen befestigen. Am Beginn des unteren Drittels, also ungefähr 300 Meter oberhalb des Wandfußes, ruft Dominik plötzlich von oben: »Stop. Das linke Steigeisen geht ab.« Ich schaue zu, wie er versucht, es wieder richtig festzuzurren. Er kriegt den eisverkrusteten Riemen einfach nicht durch die Schnalle. Er steht auf einem Bein und hat mit der rechten Hand das Eisbeil in die Wand geschlagen. Er muß sich nach unten bücken, um mit der linken Hand das Steigeisen festzumachen. Bevor ich zu ihm hochsteigen kann, macht er eine ungeschickte Bewegung. Das Eisen macht sich selbständig und fällt auf den Col hinunter. »Abseilen«, schlägt Dominik vor, »wir müssen heute noch nach Hause.« – »Die Idee kannst du in der Pfeife rauchen«, sage ich. Wir haben zwar sechs Eisschrauben dabei; die hätten mit unserem 45-Meter-Doppelseil für 300 Meter Abseilen gerade gereicht, und es wäre auch nicht das erste Mal gewesen, daß wir zu Abseilzwecken Material in einer Wand gelassen hätten. Aber es geht nicht. Ich schlage tiefe Wannen in das poröse Eis, um auf festen Grund zu kommen; ich setze eine Schraube nach der anderen, sie ziehen nicht; sich dranzuhängen wäre Selbstmord. Dominik steht mit seinem Eisbeil und einem Steigeisen in der Wand. Zehen und Finger fangen an, gefühllos zu werden. Die Zeit läuft uns davon. Um die Ecke des Westgrats treiben schon die Wolkenfetzen über den Paß hinaus. Ich klettere zu Dominik hinauf und fange an, für seinen linken Fuß Stufen zu schlagen, eine nach der anderen. Wenn er wegrutscht, kann ich ihn nicht halten, und ich würde, weil wir angeseilt sind, mitgerissen. Die alten Gedanken kommen einem wieder in den Sinn. Warum klettert eigentlich der Mensch? Diese Frage bewegt nicht nur die Nichtkletterer, zum Beispiel die 10 000 Touristen, die jährlich zwischen Sella und Pordoi-Joch aus dem Auto steigen und die »Extremen« in der Südwand des Piz Ciavaces oder den Sella-Türmen bestaunen. Ich selber stelle mir diesmal auch wieder die Frage: Was treibt dich eigentlich ohne Not in eine solche Situation? Zwei Jahre zuvor war am Monte Rosa ein japanischer Bergsteiger, der solo ging, unmittelbar hinter mir 400 Meter tief auf den Monte-Rosa-Gletscher abgestürzt. Damals wollte ich, nachdem die Leiche geborgen war, mit der Bergsteigerei ganz aufhören. Aber es blieb nur beim kurzen Vorsatz.

Jetzt, in der Wand der Grande Casse, habe ich nur Angst um Dominik. Der Gedanke wird übermächtig, daß, wenn er stürzt, ich auch nicht mehr weiterleben will. Ohne ihn heimzukommen ist unvorstellbar. Aber, schießt es mir durch den Kopf, wäre es nicht besser, wenn wenigstens einer zurückkommt? Ich verdränge alles und konzentriere mich auf das Schlagen von sauberen und sicheren Stufen. Ich weiß auch, daß ich mich auf Dominik verlassen kann. Er ist ein starker und guter Kletterer. Ich habe eigentlich um ihn noch nie Angst gehabt. Der Sturm nimmt weiter zu und fegt die Eiskörner senkrecht die Wand hoch. Die Stufen sind, kaum daß ich sie geschlagen habe, voll mit Eisgrieß. Langsam geht es abwärts, Meter für Meter. Irgendwann merke ich, daß die Steilheit abnimmt. Ich kann nicht mehr zwischen den Beinen auf den Gletscher hinunterschauen. Jetzt weiß ich, daß wir es geschafft haben. Nach endloser und mühsamer Hackerei kommen wir gegen 17 Uhr beim Zelt an. Es ist noch einigermaßen hell, aber die Wolken werden dichter, und es schneit. Jetzt entscheiden wir uns für das, was im Gebirge immer falsch ist, nämlich im Interesse des Familienfriedens das gegebene Versprechen einzuhalten – für nicht wenige ist das schon der Schritt zum ewigen Frieden gewesen. Wegen der aufkommenden Böen ist an ein solides Packen nicht mehr zu denken.

Die Rucksacktürme werden noch höher als vorher. Der Wind peitscht uns die Schneeflocken waagrecht ins Gesicht. Das bekannte Fließschneesyndrom – Schnee schwimmt auf dem nicht mehr sichtbaren Gletscherboden – verhindert die Orientierung und macht jede Gleichgewichtsverlagerung beim Schwingen zu einem Vabanquespiel. Nach 100 Metern Abfahrt ins Ungewisse geschieht das Unvermeidliche: Ich stürze, und es beginnt die längste Rutschpartie meines Bergsteigerlebens. Glücklicherweise hat der Gletscher im oberen Teil keine Spalten, so daß ich nach unten rutschend im Auslauf des Gletscherhanges in einer Mulde liegenbleibe. Dominik, der bessere Skifahrer, ist verlorengegangen. Rufen ist sinnlos, der Sturm verschluckt jeden Ton. Plötzlich ein Schlag – etwas rammt meinen Rucksack und fliegt über mich hinweg ins Dunkle. Es ist Dominik. Es schlägt ihn in ein Schneeloch, aus dem ich ihn herausziehe. Der Sturm wird noch stärker, Weiterfahren ist unmöglich, und wir versuchen, das Zelt, das wir gerade abgerissen haben, wieder aufzustellen. Nach zweistündigem Kampf mit dem Wind steht es wieder. Wir müssen es aber von innen stützen, an Schlafen ist nicht zu denken. Es ist innerhalb von einer halben Stunde völlig zugeweht. Die Schneemassen drohen das Zelt einzudrücken, aber wir stemmen uns dagegen, und es hält. Am Morgen läßt der Wind nach, und als es hell wird, arbeiten wir uns durch eine zwei Meter breite Schneewehe und schauen in ein dunkles Loch, das sich vor uns auftut. Das Zelt steht unmittelbar neben einer A-Spalte, in der ich am Abend vorher wahrscheinlich samt Sohn spurlos verschwunden wäre, hätte sich die Rutschpartie noch ein wenig verlängert.

Wir sitzen im Schnee, kochen Tee und preisen unser Glück, als der Himmel plötzlich wieder aufklart. Es beginnt ein heller und schöner Tag, so als ob der Sturm und die Nacht nur ein Spuk gewesen wären. Wir haben eine schöne Tiefschneeabfahrt nach Pralognan, werden aber zu Hause von der Familie relativ unfreundlich empfangen.

Heute, im Handy-Zeitalter, kann man sich solche Aufregungen ersparen. Durch den Fortschritt der Telekommunikation können die Angehörigen zu Hause sogar unmittelbar am Sterben, am langsamen Erfrieren des Familienmitgliedes Anteil nehmen. Am 11. Mai 1996 liegt der Amerikaner Douglas Hansen unterhalb des Hillary-Step in 8750 Metern Höhe am Südgipfel des Mount Everest tot im steilen Gelände. Er hat den Gipfel geschafft, aber nicht den Abstieg. 65 000 Dollar hat er dafür bezahlt. Neben ihm sitzt Rob Hall, sein Bergführer, der schon fünfmal auf dem Everest gewesen ist. Er bleibt bei dem sterbenden Amerikaner. Aber es war auch für ihn ein Tag zuviel am Berg, und er weiß, daß er sterben muß, er erfriert. Bevor es soweit ist, telefoniert er über sein Satelliten-Handy zum letzten Mal mit seiner schwangeren Frau zu Hause in Neuseeland. Helfen kann ihm keiner mehr, er stirbt, und die Familie erfährt es on time.

Das Warten auf Angehörige oder Freunde, die sich auf einer schwierigen Tour befinden, kann zur psychischen Strapaze werden. Meine Frau, die gerne in Südtirol, aber sonst lieber am Meer ist, hat jahrelang darunter gelitten. Es hat lange gedauert, bis sie sich an diesen Sport gewöhnt hat. Die Erfahrung, daß nie etwas Ernsthaftes passiert ist, hat ihr dabei geholfen.

Zweimal habe ich diese Angst selber erleben müssen. In den Dolomiten gibt es ein sehr schönes Gebirge, das lange Jahre hindurch ziemlich einsam war und schöne schwere bis sehr schwierige Klettertouren aufweist: ein Dolomiten-Felsgebiet zwischen dem Valle di Zoldo und der Piave oberhalb des Städtchens Forno di Zoldo. Die Rede ist vom Bosconero, was auf deutsch Schwarzwald heißt und darauf zurückzuführen ist, daß der Sockel des Berges bis zur Baumgrenze mit dunklen Tannen bewaldet ist. Bevor wir unsere Klettertouren hier begannen, machten wir noch einen Abstecher in die Spiz-di-Mezzo-Gruppe, auf der anderen Seite des Zoldotales gelegen und noch einsamer und unbekannter. Wir waren zu fünft, meine drei Söhne Dominik, Michael und Nikolai, ihr Freund Gerold und ich. Wir stiegen zur Carnielli-Biwakschachtel auf 2000 Meter Höhe, und zwar von der kleinen Fahrstraße im Val Prampère aus. Im Spiz di Mezzo gibt es eine Nordwestkante, die 1967 zum ersten Mal gemacht worden ist und die jeden Vergleich mit der berühmten Schleierkante aushalten kann. Wir waren im Carnielli-Biwak drei Tage lang völlig allein und hatten eine schöne Zeit. Der einzige Nachteil war, daß das Biwak kein Wasser hat. Man muß, um Wasser zu holen, ungefähr 15 Minuten im Schwierigkeitsgrad zwei bis drei absteigen und hat, wenn man Pech hat oder, statt aufzupassen, in der Gegend herumguckt, oben kein Wasser mehr in der Schüssel. Wir nahmen nach geglückter Kletterei über die Nordwestkante auf den Spiz di Mezzo etwas wehmütig Abschied und fuhren hinunter zur Bosconero-Gruppe. Man kann die schönen hohen Wände vom Talgrund aus gar nicht sehen. Das ist mit der Grund, warum dieses Felsmassiv noch weitgehend unberührt ist. Im Mittelpunkt der Bosconerogruppe steht die Rocchetta alta di Bosconero, 2412 Meter hoch, die eine schöne Westwandführe im Schwierigkeitsgrad IV hat, aber sich vor allem auszeichnet und berühmt geworden ist durch die Nordwestkante, eine 650 Meter hohe Kletterei vom Einstieg bis zum Gipfel, fast durchgehend im Schwierigkeitsgrad VI. Auch diese Kante war erst 1964 zum ersten Mal bestiegen worden, und zwar von den sogenannten Scoiattoli, den Eichhörnchen aus Cortina. Im allgemeinen Sprachgebrauch heißt sie Strobelführe. Die fünf Erstbesteiger hatten sie ihrem Kameraden Albino Michielli, genannt »Strobel«, gewidmet, der zur gleichen Zeit in den Dolomiten tödlich verunglückt war. Dominik und Michael wollten diese Kante unbedingt klettern. Gerold, Nikolai und ich nahmen uns für denselben Tag die Nordwestkante des benachbarten Sasso di Bosconero vor, den sogenannten Antispigolo, eine luftige Kanten- und Gratkletterei im festen Fels. Beide Seilschaften waren mit Trillerpfeifen ausgerüstet, und es war ausgemacht, daß beide, wenn sie den jeweiligen Gipfel erreicht hatten, durch dreimaliges Trillern kundtun sollten, daß die Tour geglückt war.

Beide Seilschaften brechen in der Früh auf, Dominik und Michael etwas früher als wir. Als wir an der Kante vorbeikommen, sind sie erst in der zweiten Seillänge. »Ihr seid auch noch nicht weit«, ruft Nikolai. »Schwätzt man vom Esel, kommt er daher«, schallt es zurück. Mit weiteren Wortgefechten hin und her verschwinden wir schließlich hinter der Kante der Rocchetta und beginnen auf der anderen Seite mit unserer Kletterei. Als wir auf dem Gipfel des Sasso di Bosconero sind, geben wir das verabredete Zeichen, bekommen aber keine Antwort. Die Klettertour der anderen kann man von unserem Gipfel nicht sehen, dafür aber den rückseitigen Abstieg von der Rocchetta Alta. Wir sehen nichts und hören nichts – die beiden sind offenbar noch nicht auf dem Gipfel angekommen. Wir steigen in die Scharte zwischen dem Sasso und der Rocchetta ab und trillern wie verrückt auf unseren Pfeifen, um etwas von den beiden zu hören. Keine Antwort. Wir gehen also zur Hütte hinunter, weil wir denken, sie hätten die Route vielleicht abgebrochen und säßen inzwischen im Rifugio Casera di Bosconero bei einem Glas Bier. Als wir um die Nordwestkante herumkommen, ist in der Strobelführe selbst niemand zu sehen. In der Hütte stellen wir fest, daß außer dem Hüttenwirt keiner da ist. Der weiß auch von nichts. Mir schießt der Gedanke durch den Kopf, die beiden seien die senkrechte Kante abgestürzt und lägen am Einstieg auf dem Geröllfeld. Wir spurten die 200 Meter von der Hütte bis zum Einstieg hoch und suchen makabrerweise die ganze Geröllhalde ab, um die vermeintlichen Leichen zu finden. Es ist eine gewisse Beruhigung für mich, daß wir nichts finden. Auf dem Geröllfeld liegen sie nicht. Blut sieht man auch keines, also sind sie auch nicht abgestürzt. Wir steigen nun den ganzen Weg auf die Scharte wieder hinauf. Auf halbem Wege kommen uns die beiden fröhlich entgegen. Auf die Frage: »Warum habt ihr nicht, wie ausgemacht, gepfiffen?« antworten beide wie aus der Pistole geschossen: »Wir haben die Trillerpfeife gar nicht mitgenommen, das wäre sowieso Quatsch gewesen.« – Was zu beweisen war.

Nicht so heiter war es damals auf Korsika. Die Insel ist ein Dorado für Kletterer und Bergsteiger. Nebenbei auch für Tierfreunde – die halbwilden, frei herumlaufenden Esel und Schweinefamilien sind vor allem für Kinder eine Sensation. Wegen der Sommerferien konnten wir leider immer nur im Juli oder August nach Korsika fahren. Das hat zwar den Vorteil, daß man in den Bächen, die vom Gebirge herunterkommen und in wunderschönen Kaskaden und kleinen Seen einmalige Wasserläufe bilden, dann auch baden kann, selbst wenn man in 800 oder 1000 Meter Höhe ist. Das Wasser hat den Felsen zu großen Badewannen ausgewaschen, und so ist es möglich, von der Bachmündung aus von Wanne zu Wanne und von Wasserfall zu Wasserfall in glattwandigen Klettereien aufzusteigen. Für das Klettern in den Felsen ist es allerdings zu heiß. Es gibt auf Korsika, zum Beispiel in der Nähe von Porto, Felsgruppen mit bizarren Formen, festem Fels, rotem Sandstein, aber eben so heiß, daß man das Gestein tagsüber fast nicht anfassen kann. Anders verhält es sich dann schon weiter oben im Gebirge in der Nähe des Hauptgipfels Monte Cinto. Jedenfalls ist die bessere Jahreszeit für Korsika das Frühjahr oder der Herbst. Allerdings gibt es in diesen Jahreszeiten viele Gewitter. Dafür sind im Sommer wieder die Waldbrände zahlreicher. Neben dem Bavella-Klettergebiet im Süden kann man in den Felsgruppen um den Monte Cinto herum sehr gut klettern.

Wir wohnten damals in Evisa und fuhren sehr früh am Morgen mit dem Auto über den Col de Vergio hinunter und auf der anderen Seite das Stranciacone-Tal hinauf bis Haut Asco. Hier befindet sich das »Winterskigebiet« von Korsika mit zwei Sesselliften. Die Welt ist hier ziemlich zu Ende. Die Straße auch. Wir stellten das Auto bei einem kleinen Hotel ab und stiegen durch die wilde Macchia bis auf ein Plateau, das unmittelbar zu einem Grat führt, der mit sechs oder sieben Türmen den sogenannten Teufelsgrat der Capu Largia bildet. Links daneben ist eine fünfstufige Wand, die, oben schmäler werdend, in einen Col zwischen Capu Largia und Monte Cinto mündet. Von diesem Paß aus kann man in einer schönen Gratkletterei ebenfalls auf die Capu Largia kommen. Wir hatten auf der Terrasse biwakiert. Es war in der Nacht schön warm, und wir lagen im Freien: Nikolai bei mir in einem Schlafsack, Dominik und Michael in dem anderen. Die beiden älteren wollten den Teufelsgrat mit dem Schwierigkeitsgrad VI klettern. Ich hatte vor, über die gestufte Wand und von der Scharte aus auf den Gipfel zu klettern und oben auf sie zu warten. Nikolai wollte lieber am Wasserfall spielen und an unserem Biwakplatz bleiben. Am nächsten Morgen fingen die beiden an zu klettern. Ich verlor sie aus den Augen und stieg in ungefähr zweieinhalb Stunden parallel auf den Col und war gegen 13 Uhr auf dem Gipfel, von dem aus ich den obersten Turm des Teufelsgrates gut einsehen konnte. Ich wartete bis 14 Uhr, bis 15 Uhr, aber niemand kam. Sie erschienen auch nicht auf einem der Türme, was eigentlich hätte der Fall sein müssen, wenn sie den Grat geklettert wären. Ich wartete bis 16 Uhr und beschloß dann, abzusteigen, um möglichst rasch zu meinem jüngsten Sohn zu kommen, der natürlich auch auf mich wartete. Beim Abstieg schaute ich immer links auf den Grat, in der Hoffnung, die beiden dort zu entdecken. Ich sah aber niemanden. In einer solchen Situation gehen psychische Veränderungen in einem vor, die sich auch auf die physische Wahrnehmungsfähigkeit auswirken. Je weiter ich abstieg, während ich die beiden weder auf dem Grat noch unten am Biwakplatz sah, desto mehr veränderte sich meine Umwelt. Statt Farben sah ich nur noch Grautöne, und ich hatte plötzlich den Eindruck, daß sich um mich herum Totenstille ausbreitete.

Schließlich war ich bei Nikolai, der schon auf mich wartete. »Hast du die beiden gesehen?« Er schüttelte den Kopf. Wir schauten voller Verzweiflung den Grat hinauf. Die Sache war deswegen schwierig, weil dieser Grat auf der anderen Seite in ein vollkommen wildes Tal abfällt. Die Türme erheben sich jeweils 200 bis 300 Meter über den Talgrund, von einem Absturz auf der von uns abgewandten Seite hätten wir überhaupt nichts bemerkt. Es war auch aussichtslos, den beiden Hilfe zu bringen – denn es ging schon auf den Abend zu. Um auf die andere Seite des Grates zu kommen, hätte man zum Auto ins Tal absteigen, ins nächste Tal fahren und sich dann dort wieder nach oben durchkämpfen müssen. Es wäre auch völlig unmöglich gewesen, in der Macchia, einem mit Dornen durchsetzten undurchdringlichen Urwald aus niedrigen Bäumen und Sträuchern, jemanden zu finden. Wir konnten nichts hören, keine Hilferufe, auch nicht das alpine Notsignal. Noch nie in meinem Leben hatte mich eine solche Unruhe gepackt, und wir schauten weiter wie gebannt nach oben. Auf Korsika wird es im Sommer schneller dunkel als im Norden. Es war 18 Uhr, und es dämmerte zwar noch nicht, aber wir wußten, gegen 21 Uhr würde es dunkel werden. Wir wollten aber auch nichts versäumen und, solange es noch hell war, versuchen, von dem kleinen Hotel aus einen Hubschrauber anzufordern. Also schickten wir uns an, das Biwak abzubauen. Zwischendurch blickten wir immer wieder nach oben, vor allem auf den höchsten Turm, der schwarz und unheilvoll in den Abendhimmel ragte. Schließlich wendeten wir uns zum Abstieg. Wir hatten beide ein schweres Herz, und so schlug ich vor: »Komm, wir klettern noch einmal die kleine Wandstufe hoch und schauen uns den Turm genau an.« Plötzlich sagt Nikolai: »Auf dem schwarzen Turm war vorher ein kleiner Strich, das weiß ich ganz genau, und jetzt ist dieser Strich weg.« »Hast du dich auch nicht getäuscht?« Nikolai beharrt: »Nein, ich habe mich nicht getäuscht, ich habe diesen ganz kleinen Strich gesehen, und jetzt ist der Strich nicht mehr da.« Ich schaue angestrengt zu diesem Turm hinauf, und plötzlich sehe auch ich einen kleinen schwarzen Strich, vielleicht so groß wie ein Komma, wenn man mit einer etwas größeren Schrift schreibt. Dieser Strich war da und nach einer halben Minute wieder verschwunden. Da wußte ich, daß dort oben jemand war. Sofort wuchs wieder eine riesengroße Hoffnung, die alle Kräfte mobilisierte. Ich sagte zu Nikolai: »Bleib hier und warte.« Aber darauf ließ er sich nicht mehr ein, sondern stieg mit mir die abgestufte Wand empor, die ich schon am Vormittag geklettert war. Als wir fast oben waren, sahen wir zwei Gestalten aus der Scharte zu uns absteigen. Es waren meine beiden Söhne; wir sahen es an der Art und Weise, wie sie sich bewegten. Als sie bei uns waren, umarmten wir beide, was sie aber gar nicht richtig begriffen, bis wir ihnen von unserer Angst erzählten, die wir um sie gehabt hatten. Sie ließen das zwar nicht richtig gelten, aber es war auch klar, daß etwas schiefgelaufen war. Sie hatten sich verstiegen und waren am dritten Turm rechts in die Wand geraten und hatten für drei Seillängen im VI. und VII. Schwierigkeitsgrad vier Stunden gebraucht, um aus der Wand auf die Turmspitze zu kommen.

Auf der Heimfahrt legten wir eine Kassette ein: den ›Sommernachtstraum‹ von Felix Mendelssohn-Bartholdy, eine verwunschene, märchenhafte Musik. Und ich spürte in mir ein größeres Glücksgefühl, als ich es je zuvor auf den Gipfeln vieler Berge empfunden hatte.

Die Geschichte der Nanga-Parbat-Überschreitung der beiden Messner-Brüder über die 4000 Meter hohe Rupal-Flanke im Aufstieg und den Abstieg über die genauso hohe Diamir-Flanke hat mich aufgrund dieser Erfahrungen immer sehr berührt, auch wenn sie unvergleichbar ist. Sie gehört zu den dramatischsten, aber auch geheimnisvollsten Ereignissen des extremen Höhenbergsteigens. Hat der Leiter der Expedition, Dr. Karl-Maria Herrligkoffer, vom Basislager aus die richtige Farbrakete gezündet, um das für den Gipfelsturm notwendige gute Wetter anzukündigen, oder hat er die falsche oder überhaupt keine Rakete abgefeuert? Reinhold Messner hat darüber ein Buch geschrieben, das allerdings nie in Deutschland verkauft werden durfte: ›Die rote Rakete am Nanga Parbat‹. Von diesem Buch existieren nur wenige Exemplare, da vertraglich die literarische Verwertung dieser Expedition dem Expeditionsleiter Herrligkoffer vorbehalten war und er infolgedessen das bereits gedruckte Buch von Reinhold Messner gerichtlich verbieten ließ. Eine Fotokopie davon befindet sich in meinem Besitz. Das Buch ist ein Zeugnis dafür, daß die Idealisierung der Bergsteiger als moralisch wertvolle Gestalten in einer besseren Welt das Produkt einer von der Schönheit und Erhabenheit der Berge abgeleiteten und beeinflußten Phantasievorstellung ist, die die menschlichen Abgründe, die sich auch beim Bergsteigen auftun, ausblenden oder zuschütten möchte. Aber gerade hier hat das Bergsteigen Ähnlichkeiten mit der Politik. Weder das Bergsteigen noch die Politik verderben den Charakter, aber sie stellen ihn auf die Probe.

Auch beim Bergsteigen stehen Mißgunst und

Neid, falscher Ehrgeiz, Rücksichtslosigkeit und Überheblichkeit im Kontrast zu großen Taten des Alpinismus, die sich durch Hilfs- und Opferbereitschaft, Großzügigkeit bis hin zum Einsatz des eigenen Lebens auszeichnen.

Klettern und Fliegen – eine Premiere in Savoyen und im Wetterstein

Fünf Jahre nach unserer Winterbegehung der Grande Casse ist mein zweitältester Sohn Michael zum Skifahren in Lac de Tignes und hat gerade den A-Schein im Paragliding gemacht. Er fährt an einem Tag im April mit der ersten Kabine auf die Grande Motte, den Nachbarberg der Grande Casse, ungefähr vier Kilometer Luftlinie entfernt. Dann steigt er mit Steigeisen und Gleitschirm von der Bergstation auf den Gipfel, startet um 10 Uhr vom Gipfelschneefeld und fliegt an den Fuß der Nordwand der Grande Casse in die Nähe unseres Biwakplatzes vor fünf Jahren. Er packt den Gleitschirm ein, schnallt sich die Steigeisen an und steigt mit zwei Eisbeilen durch die Wand. Mittags um zwei Uhr ist er auf dem Gipfel, packt den Schirm wieder aus und fliegt hinunter nach Pralognan, dem Ausgangsort unserer damaligen Expedition. Um 15 Uhr sitzt er schon im Café und läßt sich mit dem Auto abholen. Tief beeindruckt von dieser High-Tech-Version einer Nordwand-Besteigung werde ich selbst Gleitschirmflieger.

Hermann Magerer, Redakteur der Sendung ›Bergauf, bergab‹, schrieb mir Anfang 1991, ob ich bei einer »bergsteigerischen Schandtat« (für Nicht-Bayern: bei einem alpinistischen Abenteuer) mitmachen wolle. Seine Idee war, die Zugspitze einmal anders zu nehmen: nicht von vorne mit Seil- und Zahnradbahn, sondern von der hinteren, österreichischen Seite über die 900 Meter hohe Wetterkante (Schwierigkeitsgrad III und IV, an zwei Stellen V), um dann von oben mit dem Gleitschirm die 2000 Meter hinunter nach Ehrwald zu fliegen. Das Vorhaben würde zwar keine Erstbesteigung sein, aber in der Kombination von Klettern und Fliegen immerhin eine Premiere. Das Ganze sollte gefilmt werden. Bedingung: keine gestellten Bilder, sondern eine authentische Wiedergabe der gesamten Unternehmung, mögliches Scheitern an den Schlüsselstellen der Wetterkante, Startabbruch beim Fliegen und eventuelle Notlandung inbegriffen.

Wir trafen uns am Sonntag, dem 14. Juli 1991, abends in Ehrwald im Gasthaus Wölberlehof: Hermann Magerer, der Chef, 55 Jahre, durchtrainiert, freundlich, klare Augen – ein feiner Mensch, wie man in Süddeutschland lobend sagt. Die Kameraleute beim Team Nr. 1, das mitklettern und mitfliegen sollte: Sepp Wörmann, Karl »Raki« Rössle und Thomas »Fuzzy« Mannseichner, international erfahrene Bergsteiger und Kameraleute mit Bergführerpatent in der Tasche, die später an der Wetterkante akrobatische Kunststücke aufführen sollten, um die richtige Kamera-Einstellung hinzukriegen. Team Nr. 2 vom Bayerischen Rundfunk: Martin Eimer, Martin Rösner und Michael Magerer, selbst Alpinisten und Gleitschirmflieger, die das Geschehen mit Telekamera von oben, von unten und von Nebengraten aus festhalten sollten. Hinzu stieß Günter Kerber, Ehrwalder Bergführer, Mitglied der österreichischen Manaslu-Expedition und Erstbegeher vieler Kletterrouten im Wetterstein.

Am Montag geht es los. Das Wetter ist durchwachsen und sorgt für den ersten Kompromiß: Wir fliegen am ersten Tag und klettern am zweiten. Vom Schneefernerhaus schleppen wir unsere Gleitschirme zum Startplatz knapp unterhalb des Schneefernerkopfes, eines Nachbargipfels der Zugspitze. Es handelt sich um ein Schneefeld, das nach 60 Metern in ein steiles Kar übergeht: ideale Startbedingungen, 2000 Meter unter uns Ehrwald, Lermoos, Garmisch und der Eibsee.

Wenn der Wind doch nur mitmacht, hoffen wir. Das tut er zunächst aber nicht. Er kommt von hinten. Bei Rückenwind zu starten, das wäre ungefähr so, als würde ein Engländer in Deutschland Linksverkehr praktizieren: Er käme nur ausnahmsweise heil davon. Klettern und Gleitschirmfliegen sind eine Intelligenzsache. Wir warten und hoffen also, daß vielleicht die Sonne die 2000 Meter hohe Bergwand zwischen uns und Ehrwald aufheizt und sich so die nötige Thermik entwickelt. Um 11 Uhr ist es soweit. Ich starte als dritter. Ich muß mich konzentrieren, denn schließlich fliege ich nicht jeden Tag. Sich innerlich sammeln, das habe ich gelernt – es geht ja immerhin 2000 Meter in die Tiefe –, entschlossen anlaufen, Kontrollblick nach oben, der Schirm steht, da kommen von hinten plötzlich Stop-Rufe, die rechte Bremsleine ist verkrangelt, anbremsen, der Krangel löst sich, tiefes Durchatmen, der Schirm geht leicht nach links ab, mitlaufen, rennen, was das Zeug hält, der Schirm hebt ab: Ich fliege. Ich gleite über das Kar und den Begrenzungsgrat hinweg und erlebe dann eine Sensation, die mir fast den Atem raubt: Unter mir bricht senkrecht und bodenlos die Westwand des Zugspitzmassivs ab, ich habe innerhalb einer Sekunde 2000 Meter Luft unter mir, fliege wie ein Vogel in das Tiroler Land hinaus. Links sehe ich die Wetterkante, die wir morgen erklettern werden. Ich fliege bis über Lermoos, schraube mich dann hinunter, die Landung soll ja auch gefilmt werden. Hinter mir ist noch Helga Magerer, die Frau von Hermann Magerer, gestartet, eine ausgezeichnete Fliegerin, die mir allen Respekt abverlangt. Während ich über Ehrwald schwebe, schaue ich zum Schirm über mir hinauf. Und ich denke an die deutsche Reglementiersucht, die dieses einfache Fluggerät – nahezu für jedermann erschwinglich – im Luftfahrtsrecht wie eine vierstrahlige Boeing behandeln will: Flugverbot mit Ausnahmen nur dort, wo es ausdrücklich erlaubt ist. Das Umgekehrte, nämlich generelle Freiheit zu fliegen mit Verbotsregelungen in Einzelfällen, wäre ein Zeugnis freiheitlicher Staatsauffassung.

Am nächsten Tag sind wir um 6.30 Uhr am Einstieg zur Wetterkante oberhalb der Holzerwiesen; eineinhalb Stunden Aufstieg liegen hinter uns. Günter Kerber, Hermann und ich klettern an einem Seil; die drei Kameraleute unter Führung von Sepp Wörmann am zweiten Seil. Die Kante ist zum Teil brüchig, hat aber auch eisenharte Seillängen – man muß den Berg nehmen, wie er ist. Trotzdem haben wir zu sechst auf der ganzen Tour nicht einen einzigen ernsthaften Steinschlag ausgelöst. Darüber habe ich mich fast genauso gefreut wie über die Kletterei an sich. Sepp Wörmann filmt meistens von oben; Fuzzy geht vor, sichert die beiden anderen, und an den Schlüsselstellen läßt er Sepp und Raki mit Bremsknoten in die Kante hinunterpendeln; jedesmal, wenn ich einen Überhang angehe, hängt Sepp mit der Kamera neben und Raki mit dem Mikrofon über mir, um meine Kletterübungen und (milden) Flüche aufzunehmen.

Während wir Günter sichern, diskutieren Hermann und ich die neueste Forderung des Präsidenten der Ärztekammer, Dr. Vilmar, für Dicke, Raucher, Gleitschirmflieger und Kletterer einen Zusatzrisikobeitrag für die AOK zu erheben. Aus unserem Blickwinkel sind eher Beitragsermäßigungen für die Natursportler angebracht. Sie leben gesund, trainieren ihren Kreislauf; jede Mark, die sie in Bergausrüstung, Gleitschirme und Sportfahrräder investieren, spart der AOK das Zehnfache an Ausgaben und wird aus der eigenen Tasche finanziert, während die öffentliche Hand Millionen Mark in Stadien investiert, damit jeden Samstag ein paar Hunderttausend zuschauen können, wie 22 Mann einen Ball durch die Luft schießen.

Ein paar Seillängen weiter gibt es einen herrlichen Tiefblick in die »neue Welt«, ein steiles Kar vom Schneefernerkopf – unserem Flugstartplatz – bis zu den Holzerwiesen hinunter, im Winter eine rasante Skiabfahrt mit zweimaligem Abseilen, ein besonderes Schmankerl für Günter Kerber, unseren Bergführer. Im Kar unten läuft ein Rudel Gemsen. Manche Jäger behaupten, Gleitschirmflieger vertrieben das Niederwild, das den bunten Gleitschirm mit einem Adler verwechsle, und scheuchten Gemsen über Felsabstürze in den Tod. In Kössen, dem österreichischen Gleitschirm-Dorado, berichtet Hermann Magerer, hat sich nach Auskunft des dortigen Forstamtes das Wild in letzter Zeit sprunghaft vermehrt. Gemsen sind Fluchtwild, das sich seiner Natur nach schnell bewegen muß, das Fliehen aber verlernt, weil es keine natürlichen Feinde – außer den Menschen – mehr hat.

Wir sind auf dem Gipfel angekommen. Es ist 14.30 Uhr – das Filmen eingerechnet eine gute Zeit. Wir seilen uns dreimal 50 Meter auf den Schneeferner ab. An der ersten Abseilstelle hängen wir nur an einem Haken. Ich hatte mir geschworen, dies nie zu tun, jetzt mache ich es doch, ein Fehler, nein, schlimmer: eine Dummheit. Zurück über das Platt auf dem Schneefeld, der Blick in eine andere Welt, in das Reich der Bahnen, Lifte, Drahtseile, Restaurants der Zugspitze: eine Betonfestung der Zivilisation gegen die Natur.

Am dritten Tag fliegen wir noch einmal nach Ehrwald hinunter. Eine Stunde nach unserer Landung zieht ein schweres Gewitter auf. Wir warten auf das Kamerateam, das den Abflug auf dem Schneefernerkopf noch einmal gefilmt hatte. Die Männer kommen um 14 Uhr herunter. Die Tiroler Zugspitzbahn, technisch das Neueste vom Neuen, hatte wegen Blitz und Sturm den Betrieb einstellen müssen. Der Berg hat hier seine Chance bereits wahrgenommen. Sepp, unser Kameramann, glaubt ohnehin an die Überlegenheit der Natur über den Menschen und hat mir nach über 40 Jahren Bergsteigen noch etwas Neues beigebracht: nämlich durch langsames Gehen bei jedem Schritt bewußt den Kontakt mit der Erde, mit jedem Stein und jeder Grasnarbe zu spüren und damit den Berg neu zu erleben, genauso neu und schön wie die Zugspitze beim Klettern von hinten, Ehrwald und Garmisch beim Fliegen von oben.

Von Menschen, Felsen und Bergen: Kletter-Pioniere

Ich habe die Kletter-Pioniere immer sehr bewundert. In der Brenta gibt es den 2883 Meter hohen Campanile Basso, den kühnsten und steilsten Felsturm der Brenta, mit senkrechten Wänden auf allen Seiten. Walter Pause nennt diese Felszinne »Welträtsel aus Stein«. Am Campanile Basso gibt es eine Ostwand, die nach dem kompromißlosen Freikletterer Paul Preuß auch Preuß-Wand genannt wird. Im Juli 1911 kletterte Paul Preuß solo durch diese senkrechte Gipfelwand und so, wie er es sich selber als Regel vorgegeben hatte, auch die gleiche Route wieder ab. Die Wand ist durchgehend V. Schwierigkeitsgrad.

Als ich vor ein paar Jahren mit meinen Söhnen Dominik und Michael die Wand durchkletterte, war ich froh über jeden Haken, in den man eine Sicherung einhängen konnte, und kam aus dem Staunen nicht mehr heraus, wie Preuß dieses Kunststück ohne moderne Kletterschuhe mit damals üblichen Kletterlatschen mit Bastsohlen und, wie gesagt, solo, ohne jede Sicherung geschafft hatte. Die Welt hat sich seit damals nicht nur politisch verändert. Seit Beginn der modernen Kletterei vor ungefähr einhundert Jahren wurde vor allem die Technik revolutioniert, aber auch die Mode. Statt Kniebundhosen, kariertem Hemd und Steinschlaghelm dominieren heute, zumindest in den leichteren Kletterrouten, Trainings- und Stretchhosen, T-Shirt und Stirnbänder. Mit riesigen Rucksäcken rückte man damals den Bergen zu Leibe, bepackt mit zwei dicken Hanfseilen, Mantel und Zeltplane und an den Tragriemen Feldflaschen, Dachdeckerschuhe und ein großes Sortiment kräftiger Sicherungseisen und Felshämmer. Heute steht dem Kletterer modernstes und umweltschonendes Material zur Verfügung. Dazu gehören vor allem das die Sturzenergie absorbierende Nylonseil mit Kernmantelkonstruktion, Expreßschlingen am modernen Hüftgurt, Karabiner, Rocks, Stopper, Hexentrix, Friends und eben die neuesten Kletterschuhe.

Das Schlagen von Haken ist im Hochgebirge nach wie vor notwendig, und man kann jedem Dolomitenkletterer nur raten, zur Vorsicht ein paar Zusatzhaken mitzunehmen, auch wenn die Route an sich ausgenagelt ist. Aber in den Mittelgebirgen und ganz grundsätzlich ist das Schlagen von Haken aus Umweltgründen eher verpönt, weil dadurch der Fels zu sehr geschädigt wird. Bohrhaken als Stand- und Sicherungshaken sind auf das Notwendigste beschränkt, weil sie im Fels steckenbleiben und nicht ständig ausgewechselt werden, aber auch ökologisch besser. Man kann heute ohne die moderne Klemmkeiltechnik nicht mehr klettern, vor allem nicht ohne Friends, federzugverformbare Klemmkörper, die sich auf Gegenzug verkeilen. Diese Technik schützt die Felsstruktur und hinterläßt keine sichtbaren Spuren. In den letzten Jahren hat sich so etwas wie eine »Ethik« des Kletterns entwickelt. Dazu gehört nicht nur das Klettern »by fair means«, das heißt das Verwenden von Haken nur zur Sicherung und nicht zur Fortbewegung, sondern auch ein insgesamt umweltverträgliches Verhalten im Gebirge.

Natürlich haben diese modernen Sicherungsmittel den massenhaften Ansturm auf die Alpen gefördert. Heute trauen sich auch in schwierige Routen nicht nur diejenigen, die ihnen gewachsen sind, sondern auch Leute, die sich weniger auf ihre Kondition als vielmehr auf ihre technischen Hilfsmittel verlassen. Dies gilt vor allem für die kleineren und kurzen Routen. In den schweren Routen großer Wände reicht das allerdings nicht mehr. Wenn jemand in der Südpfalz oder im Frankenjura ein exzellenter Sportkletterer ist, dann heißt das noch lange nicht, daß er über den Peuterey-Grat auf den Montblanc kommt, vielleicht noch nicht einmal den Durchstieg über die Tissiführe auf den Torre

Venezia schafft. Aber es gibt Alpinisten der mittleren und älteren Generation, die diesen Trend nicht mehr mitmachen können und wollen. Einer von ihnen ist Walter Bonatti, ein Bergsteiger, der zu Recht größte Verehrung genießt, weil er trotz hervorragender alpinistischer Leistungen, vor allem im Montblanc-Gebiet, ein bescheidener und dennoch geistig überlegener Mensch geblieben ist. Seine Solo-Begehung der Matterhorn-Nordwand, und zwar im Winter, ist schon deswegen bemerkenswert, weil er die ganze Wand eigentlich dreimal gemacht hat: Einmal ist er vom gesicherten Standplatz über Zwischenhaken die gesamte Seillänge durchgeklettert, hat dann oben das Seil fixiert, ist wieder abgeklettert und dann am fixierten Seil wieder nach oben zurück. Bonatti ist also kein unkalkulierbares Risiko eingegangen, hat aber dennoch ganz allein und nur auf sich gestellt eine neue Route erschlossen, wahrscheinlich die schwerste in dieser grandiosen Wand.

Bei Bonattis Versuch, den damals noch unbestiegenen Freney-Zentralpfeiler auf den Montblanc mit insgesamt sieben Bergsteigern unter seiner Führung zu bezwingen, kamen durch einen Wettersturz, der die Gruppe mehrere Tage auf dem Pfeiler gefangenhielt, vier der besten Alpinisten Italiens und Frankreichs ums Leben. Diese Katastrophe, die in die Geschichte des Alpinismus eingegangen ist, spielte sich auf dem Pfeiler südlich des Peuterey-Grats ab, der wie eine gigantische senkrechte Verstrebung in die Südflanke des Montblanc eingebaut ist. Seinen Namen hat er von dem wilden Gletscher, der unterhalb des Pfeilers in das Val Veni auf der italienischen Seite des Montblanc hinabzieht. Die Basis des Pfeilers liegt auf 4000 Metern Höhe, der Pfeilerkopf bei 4600 Meter, knapp 50 Meter darunter endet die sogenannte Chandelle, die Kerze. Dieser riesige Felsturm von 150 Metern Höhe ist Teil des Pfeilers selbst und stellt die schwierigste Höhenkletterei des Montblanc-Gebietes, vielleicht sogar der ganzen Alpen, dar. Bis 1961 hatte noch niemand den Pfeilerkopf betreten können. Im Juli 1961 versuchte nun Bonatti, mit den Franzosen Pierre Mazeaud, Antoine Vieille, Robert Guillaume und Pierre Kohlmann und den Italienern Andrea Oggioni und Roberto Gallieni den Pfeiler zu bezwingen. Sie erreichten den Fuß der Kerze in 4450 Metern Höhe. Ein Schneesturm brach über sie herein. Sie kamen vier Tage lang weder vor noch zurück, wurden mehrmals vom Blitz getroffen; an ein Weiterklettern war, obwohl nur noch 150 Meter Höhe fehlten, nicht mehr zu denken. Am fünften Tag seilten sie sich zum Col de Peuterey ab und biwakierten eine weitere Nacht in einer Gletscherspalte. Durch die übermäßige Kraftanstrengung waren sie vollkommen geschwächt, ihre Kleider durchnäßt und vereist. Antoine Vieille, Robert Guillaume und Andrea Oggioni starben am sechsten Tag an Erschöpfung und Unterkühlung. Pierre Kohlmann verlor den Verstand und brach wenige hundert Meter vor der rettenden Gamba-Hütte tot zusammen. Walter Bonatti, Roberto Gallieni und Pierre Mazeaud überlebten als einzige dieses tödliche Abenteuer. Wegen dieses in der Tat schrecklichen Desasters gab es wilde Spekulationen und persönliche Angriffe, vor allem gegen Walter Bonatti. Die Presse spielte dabei durch Sensationshascherei eine üble Rolle, vor allem die italienische. Dabei steht außer Frage, daß Gallieni und Pierre Mazeaud nur durch die seelische und körperliche Stärke und den selbstlosen Einsatz Walter Bonattis am Leben geblieben sind. Im schönen Gegensatz zu den Beschimpfungen, Beschuldigungen und verleumderischen Nachreden der italienischen Bergführer und der italienischen Presse wurde Walter Bonatti für seinen Einsatz von der französischen Regierung mit dem Kreuz der Ehrenlegion ausgezeichnet.

Die Winterbegehung der Matterhorn-Nordwand war seine Art, Verleumdern und Neidern zu antworten. Aber Walter Bonatti gehört zu den Bergsteigern, die mit dem modernen Alpinismus gebrochen haben. In einem Interview mit Pedro Crivellaro in ›Berge‹ sagt er, daß die Veränderungen des

Materials, der Technik und der Mentalität enorm seien. Und er fährt fort: »Meine Regel in den Bergen und im Dschungel war immer, auf meine eigenen Kräfte zu vertrauen, ohne Schminke, wie Mummery sagte. Bohrhaken zu benutzen oder sie auch nur im Rucksack dabeizuhaben, bedeutet schon zu mogeln, falschzuspielen, weil du kein Risiko auf dich nimmst, du bist sicher, durchzukommen. Den wilden Tieren mit einem Gewehr gegenüberzutreten, das ist nur Safari.«

Es ist schade, daß Walter Bonatti und Reinhold Messner, der andere große Bergsteiger der vergangenen Jahrzehnte, nie zueinandergefunden haben. Ganz im Gegenteil. Bonatti vertrat nach eigener Einschätzung die totale Gegenposition zum Alpinismus Reinhold Messners. Im Jahre 1987 brüskierte Bonatti Alpinisten aus der ganzen Welt, die in Biella zusammengekommen waren, um »Mountain-Wilderness« zu gründen. Er schlug die Einladung mit einem verletzenden Brief aus, in dem es hieß: »Ich bin mit Euch und Euren Idealen, aber tut mir den Gefallen und werft mich nicht mit Messner in einen Topf, der mit seinen Geschäften den Idealen widerspricht, die er zur Schau trägt.« Ich glaube, daß Walter Bonatti in dieser Auseinandersetzung nur teilweise Recht hat, auch wenn er sich in seinem Buch ›Meine Art zu sein‹ im letzten Kapitel, ›Kranker Alpinismus – 80er Jahre‹, mit bedenkenswerten Argumenten mit dem modernen Alpinismus und seinen Auswüchsen auseinandersetzt. Reinhold Messner hat gewiß mit dem Bergsteigen und den Büchern, die er geschrieben hat, Geld verdient, aber er kann schließlich auch gut und spannend erzählen. Wovon soll er leben, wenn er als freier Mensch sich nun mal dem Gebirge verschrieben hat? Luciano Pavarotti singt auch nicht umsonst, und Arturo Benedetti Michelangeli spielt in der Regel auch nur Klavier, wenn er ein Honorar bekommt.

Ein Bergsteiger, der in keine Schublade paßt

Bei meiner ersten Begegnung mit Reinhold Messner vor zwanzig Jahren erwies sich der damals schon erfolgreichste Bergsteiger der Welt als genaues Gegenteil des Klischees vom harten, unbeugsamen Nordwand-Mann. Ich erlebte kein männlich-forsches Auftreten eines Gladiators der Berge, der nach geglückter »Bezwingung« einer Alpenwand Gipfel-»Siege« feierte – und das, obwohl er immerhin als erster Mensch alle 14 Achttausender dieser Erde bestiegen hat. Heroische Attitüden habe ich an ihm nicht bemerkt, obwohl seine bisher einmalige Karriere als Profi-Bergsteiger gerade auf vielen spektakulären und wagemutigen Aktionen basiert. Trotz seiner schier unbegrenzten physischen Leistungsfähigkeit, die auf hartem Training beruht, hat Messner nie versucht, sich als unschlagbaren Supermann zu verkaufen. Wenn er über sich und das Bergsteigen redet, beschäftigen ihn psychische Probleme und sein seelisches Gleichgewicht weit mehr als die enorme Belastung, die er seinem Körper zumutet. Ich glaube, daß gerade hierin der große Erfolg seiner Bücher und seiner Vortragsreisen liegt. Messner ermöglicht es nicht nur Bergsteigern, sondern auch Menschen, die noch nie auf einem Berg waren, Qualen und Glücksmomente seiner Abenteuer fast unmittelbar nachzuempfinden. In manchmal schonungsloser Offenheit erzählt er von den kleinen, aber oft entscheidenden Widrigkeiten bei Expeditionen, die seine Psyche, sein Verhältnis zu Mitmenschen und seine Leistungsbereitschaft beeinträchtigen. Das vorbehaltlose Aufzeigen eigener Schwächen und Emotionen ermöglicht dem Leser oder dem Zuhörer die Identifikation mit dem Abenteurer.

Messner scheut sich nicht, Tränen zu zeigen, wenn er vom Nanga Parbat und der Tragödie mit seinem Bruder Günther spricht. Insofern ist Messner der Typ eines Anti-Helden, dem die Glorifizierung seiner Person irgendwo auch suspekt ist. Ihn aber nur als sensiblen und verletzlichen Charakter darzustellen, wäre sicherlich auch falsch. Messners ausgeprägtes Ego, dem jegliche Unterordnung ein Greuel ist, strapaziert nicht nur seine Weggefährten. Er erlegt sich in der Beurteilung von Mitmenschen nur selten Zurückhaltung auf. Diese Offenheit schafft allerdings Klarheit. Man weiß dadurch, woran man mit Messner ist und was man von ihm erwarten kann. Da gibt es keine falschen Sentimentalitäten.

Traditionelle Werte wie Bergkameradschaft oder

Heimatliebe sind für ihn nach einigen unangenehmen Erfahrungen nur noch Worthülsen – leider. Eine Seilschaft ist für Messner nicht mehr als eine Zweckgemeinschaft, mit dem Ziel, eine Wand zu durchsteigen oder einen Gipfel zu erreichen – leider. Eine so kühle, rationale Einstellung ist natürlich nicht unbedingt ein Garant für ein spannungsfreies »Betriebsklima«, hilft ihm aber offenbar, potentielle Enttäuschungen zu vermeiden. Messners Prinzip der absoluten Eigenverantwortung geht so weit, daß er es bei Expeditionen ablehnt, aus Bergnot gerettet zu werden, wenn dies mit Gefahren verbunden ist. Die Erkenntnis, daß das Ideal »einer für alle, alle für einen« auch in den Bergen in der Regel am Egoismus scheitert, entspricht ohnehin seiner Lebensphilosophie.

Genauso wie er sich von dem etwas pathetischen Ton seiner frühen Bücher verabschiedet hat, will Messner sein Tun aber auch nicht mehr als Botschaft einer alternativen Lebensführung verstanden wissen. Er nennt es einfach Freude am Unnützen und kommt damit der gesellschaftspolitischen Bedeutung des Bergsteigens sehr nahe. Allerdings sind Bergsteigen und Klettern nicht zuletzt durch Reinhold Messner als extreme Form der Selbstfindung und Selbstverwirklichung gesellschaftsfähig geworden, auch für jene, die sich die Berge lieber von unten anschauen. Messner drückt es drastisch aus: Sein Erfolg liege in seiner Stellvertreter-Rolle als Exekutor der Wunschträume all derer, die die Entbehrungen des realen Abenteuers nicht auf sich nehmen wollen oder können.

In einer Welt der allumfassenden Absicherung gegen fast alle erdenklichen Risiken beginnt ja das Abenteuer eigentlich schon dort, wo man sich einer gewissen Ungewißheit aussetzt. Dazu müssen aber nicht unbedingt Achttausender bestiegen oder Eiswüsten zu Fuß durchquert werden. Das Abenteuer beginnt schon, wenn man bereit ist, die häusliche Bequemlichkeit gegen einen ungewissen und vielleicht unbequemen Schlafplatz zu tauschen. Messners Antrieb zu seinen Parforce-Touren ist nicht etwa eine aus dem Bewußtsein eigener Stärke gewonnene Gewißheit des Gelingens, sondern gerade das Gegenteil. Er selbst sagt, daß er nicht in der Lage gewesen wäre, sich so oft bis zur Erschöpfung zu quälen, wenn er sich des Erfolges von vornherein hätte sicher sein können.

Sicherlich werden viele Messner als masochistischen Spinner abtun, wenn er Hitze, Durst, Hunger und Kälte als positive, elementare Empfindungen in ursprünglichen Gletscher-, Urwald- und Felslandschaften in Kauf nimmt. Man vergißt dabei aber nur zu leicht, daß der heutige degenerierte Mensch erst durch solch extreme Erfahrungen merkt, wie sehr er der Natur ohne die Hilfe zivilisatorischer Errungenschaften ausgeliefert wäre.

Daß die Natur und nicht der Mensch das Maß der Dinge ist, spürten Fuchs und Messner während jeder Minute ihrer 2300 Kilometer langen Antarktisdurchquerung. Aber selbst dieser neue Superlativ eines Abenteuers wäre ohne die Forschungsstationen in der Antarktis mit ihren modernen technischen »Errungenschaften« nicht möglich gewesen. Messner verfängt sich in seiner eigenen Dialektik, wenn er gegen das sogenannte »organisierte« Abenteuer der Alpenvereine und der Tourismusindustrie zu Felde zieht, so bedenklich man die steigenden Touristenzahlen in den entferntesten Winkeln der Welt auch finden mag. Nicht nur seine Achttausenderbesteigungen, auch die bewundernswerte Antarktisdurchquerung sind in hohem Maße organisierte Abenteuer mit technischem Aufwand, größtmöglicher Risikominimierung und dem Offenhalten von Rückzugs- und Fluchtmöglichkeiten. Deshalb ist es unverständlich, warum die Besteigung eines Trekking-Sechstausenders in Nepal mitsamt den Unwägbarkeiten objektiver Gefahren und subjektiver Leistungsfähigkeit ein geringer einzustufendes Abenteuer sein soll, nur weil der Deutsche Alpenverein die Reise dorthin kostengünstig organisiert.

Individualreisen in ferne, unberührte Landstriche wird sich Messner auch in Zukunft nicht durch autarkes Wirtschaften auf seinem Bergbauernhof, sondern nur durch die Vermarktung seiner Abenteuer finanzieren können. Sein wichtigstes Kapital dafür war über Jahrzehnte sein äußerst starker Durchhaltewille und eine physische Ausdauer, die ihresgleichen sucht. Diese außergewöhnlichen Fähigkeiten ermöglichten ihm, in Grenzbereiche vorzustoßen, die für andere nicht mehr verantwortbar erscheinen. Wenn man deshalb an Reinhold Messner etwas wirklich bewundern muß, dann ist es seine Fähigkeit, am Leben zu bleiben. Die Gegenbeispiele hervorragender und berühmter Kollegen füllen traurige Bände.

Ich glaube, daß auch Messner weiß, daß die allergrößte Leistung eines Extrembergsteigers darin besteht, alt zu werden. Bei unzähligen Klettereien und Bergtouren in seiner Jugend hat Messner eine traumwandlerische Sicherheit und einen Instinkt für Gefahren entwickelt, die ihn bisher noch aus jeder scheinbar ausweglosen Situation gerettet haben. Ob er nun bei einem Alleingang in einer Dolomitenwand instinktiv Steinschlag vorausahnte oder mit nassem, brüchigem Fels gegen den Absturz kämpfte, immer tat er das Richtige im Vertrauen auf sein intuitives, reflexartiges Handeln.

Während der Wiederholung einer seiner Erstbegehungen in den Dolomiten in der Neuner-Südwand – der Chefredakteur der ›Welt am Sonntag‹ Manfred Geist und der Bergfotograf Jürgen Winkler waren auch dabei – begriff ich, warum Messner noch nie als Seilerster gestürzt ist. Er kletterte die schlecht abzusichernde, moralisch anspruchsvolle Route in einem souveränen, überlegten Stil, der mit Draufgängertum nichts zu tun hatte. Trotz seiner amputierten Zehen und der schweren Bergschuhe spazierte Messner über die heiklen Reibungsstellen, als ob die Gesetze der Schwerkraft für ihn nicht gelten würden. Er verhielt sich hier wie bei seinen Himalaya-Besteigungen. Messner ging nur, wenn das Risiko für ihn kalkulierbar war, dann aber mit der notwendigen Selbstsicherheit, die die latente, lähmende Angst vor dem Versagen in Schach hält oder überwindet. Sein Ehrgeiz konnte ihn nie so weit treiben, bewußt russisches Roulette zu spielen.

Aber auch so kam Messner immer wieder in lebensbedrohliche Situationen, deren positiven Ausgang er purem Glück zu verdanken hat. Die Eislawine am Nanga Parbat, die den Lagerplatz vernichtete, auf dem er kurz zuvor geschlafen hatte, und der Spaltensturz am Mount Everest, als er nach acht Metern, umgeben von gähnender Tiefe, auf der einzigen Schneebrücke weit und breit landete, waren Erlebnisse, die Messner am Sinn seines Tuns und an seinem Verstand zweifeln ließen. Aber auch bei ihm hielten die Vorsätze der Besserung nie lange an. Dieser Verdrängungsmechanismus funktioniert individuell mehr oder weniger gut, und meiner Ansicht nach kann kein Ereignis schlimm genug sein, um sich das Bergsteigen abzugewöhnen.

Bei Reinhold Messner ist die Sucht nach dem Berg besonders stark ausgeprägt. Er hat sie immer wieder mit neuen Ideen verstärkt und gleich mehrmals revolutioniert. Als einer der ersten absolvierte Messner ein systematisches Maximal- und Ausdauerkrafttraining, kletterte an gefrorenen Wasserfällen und »boulderte«, das heißt trainierte, an Felsblöcken und Mauern. Bereits 1968, als man an den VII. Schwierigkeitsgrad noch nicht einmal dachte, erreichte er am Heiligkreuzkofel den VIII. Grad, ohne Bohrhaken und ohne Reibungskletterschuhe! Selbst heute scheuen sich die besten Sportkletterer, die Schlüsselstelle dieser legendären Route vorzusteigen.

Auch im Himalaya folgte Messner nicht den ausgetretenen Pfaden. Nach der Erstbegehung der höchsten Wand der Welt, der Rupal-Flanke des Nanga Parbat, führte er mit Peter Habeler am Hidden Peak den Alpin-Stil ohne Fixseile, Hochlager und Träger ein. Die erste Allein-Begehung eines Achttausenders am Nanga Parbat und die erste Besteigung des Mount Everest ohne Sauerstoffgerät waren Höhepunkte einer Reihe bergsteigerischer Superlative, die Messner mit der Besteigung aller 14 Achttausender und der jeweils höchsten Gipfel aller fünf Kontinente abschloß.

Nach der erfolgreichen Antarktisdurchquerung mit Ski und Windsegel sind wohl weitere Steigerungen kaum noch möglich. Höher als der Mount Everest und kälter als am Südpol geht es nun mal nicht. Aber auch Messner hat seine Grenzen erfahren – in der Arktis, wo er den Fußmarsch von Spitzbergen zum Nordpol am zweiten Tag abbrechen mußte, und an der Mauer seines Schlosses Juval im Etschtal, über die er klettern wollte, weil er den Torschlüssel vergessen hatte. Er stürzte dabei ab und zertrümmerte sich den Fersenknochen. Aber auch hier blieb er am Leben.

Südtirol

Ich habe mich oft gefragt, wo meine Vorliebe für Südtirol herrührt. Ein sonniges, offenes Land, aber mit bizarren Berggestalten aus rötlich-weißem Kalkstein wie an der Marmolada-Südwand oder leuchtend weißem Dolomit, versetzt mit gelbem und schwarzem Gestein. Eine Felsenlandschaft im Kontrast zu Blumenwiesen, lieblichen Tälern und fruchtbaren Böden, auf denen die Herrlichkeiten dieser Welt wachsen: vom Wein über Pfirsiche, Aprikosen bis zu den Eßkastanien. Dazu kommt noch die Südtiroler Kulturlandschaft, die zu den wertvollsten Europas zählt. Nicht zu vergessen die Hotellerie und Gastronomie: Aus Sympathie zu Südtirol verlegte ich als Generalsekretär der CDU 1978 die erste Strategiekommission von CDU und CSU nach Kastelruth in das Hotel »Seiser Alm« von Heini Gasser. Generalsekretär der CSU war damals Edmund Stoiber. Die Gastfreundschaft war überwältigend und die Einheit der Union auf historischem Boden gerettet. Später habe ich bei Heini Gasser noch viele Südtiroler Freunde getroffen; in schöner Erinnerung sind mir die Begegnungen mit Luis Trenker, Silvius Magnago und Reinhold Messner geblieben.

Aber es sind vor allem die Berge, die ihre Faszination auf mich ausüben: die geheimnisumwitterte Rosengartengruppe, der hochstehende alpine Langkofel, der mächtige Sellastock, die berühmten drei Zinnen und schließlich oberhalb des Villnösstales und des Grödnertales die Geislerspitzen. Der Name Geißler ist in diesen Tälern nicht unbekannt. Und im Zillertal, das auf der anderen Seite des Ahrntales in Österreich, genauer in Nordtirol liegt, gibt es den Namen Geisler noch häufiger als in Südtirol. In Mayrhofen gibt es die Geislerhöfe und in Südtirol eben die Geislerspitzen.

Urkundlich stammen meine Vorfahren aus Nord- und Südtirol und sind Anfang des 17. Jahrhunderts, also vor und während des 30jährigen Krieges, ausgewandert. Der frühere Generalsekretär der ÖVP, Sixtus Lanner, der selbst aus dem Zillertal stammt, hat einmal behauptet, die Geislers seien im Zillertal vor allem als Raufbolde berühmt und berüchtigt. Ich habe dem entgegengehalten, daß dem Geschlecht der Geisler so berühmte Leute wie der frühere Fürstbischof von Brixen, Josef Geisler, entstammten und daß ich zum Beispiel bei den Jesuiten einen Pater namens Josef Geisler kennengelernt habe, der ebenfalls aus dem Zillertal stammte. Offenbar vereinigten die Geislers, so meine Schlußfolgerung, geistige und alpinistische Höhenflüge mit Bodenständigkeit und Kampfesmut.

Die Südtiroler sind mir auch deswegen ans Herz gewachsen, weil ihr Schicksal ein Paradebeispiel für verqueren und sinnlosen Nationalismus darstellt. Fast wäre es Hitler und Mussolini gelungen, auch in Südtirol eine ethnische Säuberung, die später so viele schreckliche Nachahmungen gezeitigt hat, mit Gewalt durchzusetzen. Die beiden hatten 1939 einen Vertrag geschlossen, in dem die Aussiedlung der deutschen Bevölkerung beschlossen wurde. Die Südtiroler sollten im Burgund angesiedelt werden, das einmal zum »Reich« gehören sollte, oder, wie das 1942 tatsächlich versucht wurde, auf der Krim. 70 000 Südtiroler, vor allem solche, die kein Eigentum besaßen, haben in der kurzen Zeit zwischen 1939 und 1945 ihre Heimat verlassen. Aber auch 1945 wurde die historisch unsinnige Regelung des Vertrags von Saint-Germain aus dem Jahre 1919, die die italienische Grenze an den Brenner verlegt hatte, nicht revidiert. Einen Fortschritt stellte das Autonomieabkommen dar, das 1946 nach harten Auseinandersetzungen zwischen Österreich und Italien geschlossen wurde. Es ist das Modell für eine multikulturelle Gesellschaft zwischen Deutschen und Italienern in Südtirol. Heute ist Südtirol ein Beispiel dafür, daß Mord und Totschlag und Bürgerkriege sich nur dann ereignen, wenn eine Bevölkerungsgruppe – meistens die größere – versucht, eine andere zu diskriminieren und sie ihrer kulturellen Eigenständigkeit zu berauben. Friedliches Zusammenleben ist immer dann möglich, wenn die unterschiedliche Identität der Menschen respektiert wird, keine kulturelle Gleichmacherei erfolgt, die Menschen ihre Muttersprache behalten dürfen und sie im übrigen unabhängig von ihrer rassischen und ethnischen Zugehörigkeit gleichberechtigt in einem Staatswesen zusammenleben.

1960 hatte ich im Abteital eine Reihe von Südtiroler Freunden getroffen, die versuchten, mit Gewalt, in diesem Fall mit dem Sprengen von Strommasten, die zugesagte Autonomie durchzusetzen. Bei diesen gewiß rechtswidrigen Aktionen ist nie ein Mensch ums Leben gekommen oder verletzt worden. Kein Menschenleben zu gefährden war damals ein ehernes Gesetz der jungen Südtiroler. Daß aber viele dieser Menschen, nachdem sie verhaftet worden waren, in italienischen Gefängnissen gefoltert wurden und einige von ihnen dabei ihr Leben verloren, ist noch heute eine Schande für die italienische Demokratie und vor allem für den damaligen Innenminister Scelba, für dessen Zugehörigkeit zur Democrazia Cristiana ich mich als christlicher Demokrat heute noch schäme.

Leider ist die großartige Südtiroler Landschaft auch geprägt von den eben durch den Nationalismus begründeten kriegerischen Auseinandersetzungen vor allem während des Ersten Weltkriegs. Obwohl 1882 zwischen Italien, Deutschland und Österreich der Dreibund geschlossen worden war, verlangte Italien 1915 während des Ersten Weltkriegs als Preis für die Einhaltung dieses Vertrages den Brenner als Grenze. Obwohl der österreichische Kaiser der italienischen Regierung die Abtretung Tirols, soweit es italienisch besiedelt war, also die des Trentinos, angeboten hatte, brach Italien durch Geheimverträge mit Rußland und England den Dreibund und erklärte am 23. Mai 1915 Österreich und Deutschland den Krieg, in dem Zehntausende italienischer, reichsdeutscher und österreichischer Soldaten ihr Leben verloren.

Von den Sextener Dolomiten über die Tofanen, den Falzarego-Paß, die Marmolada, den Rolle-Paß, die Cima d'Asta, den Monte Pasubio bis zum Gardasee und von dort über die Presanella und den Tonale-Paß bis zum Ortler verlief eine hochalpine Front, an der alpinistische Höchstleistungen vollbracht wurden und auf beiden Seiten berühmte Bergführer und Bergsteiger kämpften und, wie zum Beispiel Sepp Innerkofler, auch ihr Leben verloren. Berühmte Kletterberge wie die drei Zinnen, die Fanesgruppe, die Tofanen, die Marmolada oder Ortler und Königsspitze standen im Mittelpunkt der kriegerischen Auseinandersetzungen. Ganze Berge wurden in die Luft gesprengt.

Im Sommer 1996, zwischen mehreren interessanten Klettertouren, auf die ich noch zurückkommen werde, fuhr ich vom Falzarego-Paß nach Castello Buchenstein und begann eine für mich denkwürdige Wanderung auf den Col di Lana. Insgesamt 2452 Meter hoch und 1000 Meter fast senkrecht über dem Cordevole-Tal, den kleinen Orten des ladinischen Buchensteiner Landes, durch welche die Dolomitenstraße vom Pordoi-Joch zum Falzarego-Paß führt.

Im Dezember 1915 hatten zwölf Infanterie- und vierzehn Alpini-Kompanien in meterhohem Schnee über die Steilhänge versucht, den von den Österreichern besetzten Gipfel zu erobern. Innerhalb von sechs Wochen starben 278 Italiener, 63 blieben für immer vermißt. Die Italiener nannten den Berg daraufhin Col di Sangue, Blutberg. Der italienische Kommandant, Generalleutnant Rossi, weigerte sich Rom gegenüber, weitere Menschen an diesem Berg zu opfern. Daraufhin kam der Befehl, einen Stollen in den Berg zu bohren, um den Gipfel in die Luft zu sprengen. Am 12. April 1916 war der Stollen mit einer Gesamtlänge von 105 Metern fertig. Unter den beiden Gipfeln des Col di Lana wurden 5000 Kilogramm Nitrogelatine in die Minenkammern getragen, zusätzlich 100 Rollen Schießbaumwolle und 100 Sprengkapseln, um bei der Zündung auf Nummer Sicher zu gehen.

Auf dem Gipfel befanden sich ca. 250 Kaiserjäger unter dem Kommando des Oberleutnants von Tschurtschentaler, die seit Wochen die immer näher kommenden Bohrgeräusche im Berg unmittelbar unter sich verkraften mußten. Trotz der verzweifelten Lage kam am 17. April vom österreichischen Divisionskommando der Befehl: »Der Col di Lana ist unter allen Umständen zu halten!« Das italienische Kommando hatte als Zeitpunkt für die Sprengung den 17. April, 23.30 Uhr, befohlen. Die Österreicher saßen auf 5000 Kilogramm Dynamit. Gleichzeitig begann in den Morgenstunden des 17. April die italienische Artillerie, den Berg ununterbrochen mit schweren Granaten zu beschießen. Sie bestand aus 111 Geschützen mittleren und 28 Geschützen schweren Kalibers. Sie hatten sich auf die Spitze des Berges eingeschossen, die nicht größer war als 1500 bis 2000 Quadratmeter. Um 23.30 Uhr drückte der italienische Leutnant Caetani auf den elektrischen Taster. Plötzlich schoß eine riesige grellbunte Flamme in den Nachthimmel, wie ein Vulkan schleuderte die Explosion Menschen, Felsblöcke, Balken und Waffen in die Luft. Wie von einer Riesenfaust geschüttelt brach der Berg auseinander, und gigantische Steinlawinen donnerten auf allen Seiten ins Tal. Die wenigen überlebenden Kaiserjäger ergaben sich den anstürmenden Italienern. Gunter Langes, der

Erstbegeher der berühmten Schleierkante in der Pala und damals Offizier bei den Kaiserjägern, schreibt, nur ein Mann sei dem Tod und der Gefangenschaft entgangen: Hundert Meter weit flog er durch den Luftdruck der Mine den Berg auf der österreichischen Seite hinunter und erreichte nach zweitägigem Kriechen die österreichischen Linien. Aber, so heißt es in dem Bericht, er konnte nichts berichten, »denn der Schrecken hatte ihm die Sprache genommen«.

Derjenige, der die Sprengung ausgelöst hatte, Leutnant Caetani, war auch der Erfinder, Initiator und Leiter derselben gewesen und wurde anschließend von König Vittorio Emmanuele III. als Don Gelasio Caetani geadelt und zum Fürsten von Sermonata erhoben.

Ich bin damals von Buchenstein aus auf den Gipfel des Col di Lana gestiegen. Oben stehen eine Kapelle und eine Schutzhütte. Die Wände sind vollgeschrieben mit Namen. Es scheint, daß ab und zu auch Schulklassen auf den Berg geschickt werden. Auf der nördlichen Seite des Trichters kann man noch den halbverfallenen Zugang zu einer Kaverne sehen, in der die Österreicher auf ihren Tod gewartet haben. Als ich oben wegging und auf der Seite mit den ehemaligen italienischen Stellungen herunterstieg, zogen Wolken auf. Im Nu war der Berg eingenebelt, und ich hatte Schwierigkeiten, den Weg zurück zu finden. Ich war ziemlich bedrückt und dachte an die Millionen junger Menschen, die im Ersten und Zweiten Weltkrieg wegen des Irrsinns des Nationalismus und aufgrund des Diktats ihrer militärischen und politischen Führer ihr Leben lassen mußten, aber auch an die Mütter und Frauen, die ihre Söhne und Männer nie mehr zu sehen bekamen.

Am anderen Tag kletterte ich über die Via Giovanni Lippella auf die 3252 Meter hohe Tofana di Rozes. Bevor die eigentliche Kletterei beginnt, geht es auch hier an Stellungen des Ersten Weltkrieges vorbei und durch einen 80 Meter langen Stollen hinauf zum Castelletto, einer Felsengruppe, die ebenfalls teilweise von den Italienern weggesprengt worden ist. Der Klettersteig ist anspruchsvoll und bewältigt einen Höhenunterschied von ca. 600 Metern. Der schwierigste Teil ist fast der bereits erwähnte Stollen. Wenn man sich da hochquält – Stirnlampe nicht vergessen! –, kommt man aus dem Staunen nicht heraus, unter welchen Bedingungen die Leute damals für eine sinnlose Sache gearbeitet, sich geschunden und gekämpft haben. Die Kletterei durch die Westwand der Tofana verscheucht die düsteren Gedanken dann wieder. Ich mag Klettersteige sonst nicht, aber wenn man allein ist, bleibt man in Übung und kann an vielen Stellen klettern, ohne das Drahtseil in die

Hand zu nehmen. Während der Kletterei hat man einen prächtigen Ausblick in das Travenanzes-Tal und die Fanesgruppe. Jenseits der Punta di Fanes, die der Westwand gegenüberliegt, befinden sich der Lago di Lagazuoi unterhalb der Cima Scotoni und die Cima del Lago, deren Südwestwände schwierige und interessante Routen aufweisen. Ich nehme mir vor, am nächsten Tag von Sankt Cassian aus den Rio Sarè entlang über die Capanna Alpina und den Col de Locia von Norden auf die Cima del Lago zu klettern und dann abzusteigen, um am See, auf dem Rücken liegend, die Klettereien in der Lacedelli-Führe auf die Cima Scotoni zu beobachten.

Dominik und Michael waren vier Jahre vorher diese Tour im Schwierigkeitsgrad VI geklettert – sie zeichnet sich unter anderem durch viele Schlingenstände aus. (Für Nichtkletterer: Man steht beim Sichern des nachkommenden Seilgefährten in einer an Haken festgemachten Schlinge, weil die Wand so steil ist, daß es keinen Platz zum Stehen gibt.) Auf die Cima del Lago führt eine rassige Verschneidung im Schwierigkeitsgrad IV+, im festen Fels eine elegante Genußkletterei. Ich nehme mir vor, sie im nächsten Jahr zu klettern.

Auf dem Abstieg von der Tofana di Rozes zur Forcella Fontana Negra kommt man an dem Refugio Cantore vorbei. Die Forcella war im Ersten

Weltkrieg ebenfalls ein hart umkämpfter Paß, von dem aus man eine gute Übersicht hat über das Tal des Rio Falzarego bis hinunter nach Cortina d'Ampezzo. Ich klettere etwas abseits des bezeichneten Weges und finde plötzlich einige Stücke verrosteten Stacheldrahts und merkwürdige schwarze Fetzen. Ich schaue näher hin und sehe, daß es sich um Teile eines Schuhs handelt, offenbar ein Militärstiefel, denn die Teile hängen im Stacheldraht und haben Ösen wie die Schnürschuhe der damaligen Zeit. Ich nehme die Stücke mit. Sie liegen inzwischen in meinem Büro auf meinem Schreibtisch in einer kleinen Schale, die zur Abschreckung für alle Nationalisten und Militaristen mit einem ukrainischen Sprichwort beschriftet ist: »Wenn die Fahne fliegt, ist der Verstand in der Trompete.«

Sind Bergsteiger Umweltfrevler?

Wenn man heute in die Berge geht, wenn man passionierter Bergsteiger ist, wird man unweigerlich mit der Frage konfrontiert, wie sich das Bergsteigen mit dem Schutz der Alpen, mit dem Schutz der Natur verträgt.

Ich selbst stelle mir diese Frage beim Gleitschirmfliegen und auch beim Klettern. Dabei gerate ich immer wieder in einen Interessenkonflikt, nicht zwischen Ökologie und Ökonomie, sondern zwischen Naturschutz und Natursport. Ich liebe die Natur, den Wald und die Berge, freue mich über jeden klaren Bach, den es Gott sei Dank noch gibt, auf der anderen Seite sehe ich aber auch die Menschen, die in dieser Natur Sport treiben wollen. Gleitschirmflieger, Mountain-Biker, Kletterer, ja sogar Waldläufer haben es manchmal schwer, von Kanufahrern gar nicht zu reden. Immer wieder werden Vorurteile kolportiert, wie zum Beispiel: Natursportler vertreiben das Wild. Dieses Argument hat mir, wie ich weiter vorne schon erzählt habe, ein Fachmann glaubhaft entkräftet. Aber auch die Politik trägt zur Verunsicherung und zur Schaffung künstlicher Konflikte bei, zum Beispiel das Biotopschutzgesetz in Baden-Württemberg: ein Gesetz, das nahezu jede Geröllhalde zum geschützten Biotop erklärt, was dazu führt, daß fast alle Felsen für Kletterer gesperrt werden. Die eigentliche Gefährdung der Natur und der Alpen kann man erleben, wenn man von Luzern zum Gotthard-Tunnel fährt, vom Vierwaldstätter See zum Gotthard-Paß. Da sieht man, was eben nicht sein darf. Daß eine ganze Landschaft, die Urner Alpen, das Tal unterhalb vom Salbitschijen, einem der schönsten Kletterberge der Alpen, durch den Autoverkehr wirklich in den Bankrott getrieben wird. Das Waldsterben kann man mit bloßem Auge erkennen, und die Menschen sterben dabei auch. Das ist die Folge einer absolut verfehlten Verkehrspolitik, wobei man der Schweiz nicht einmal den Hauptvorwurf machen darf. Es geht vielmehr um die Unfähigkeit der Alpenländer insgesamt, die Verkehrsströme so zu regeln, daß das Ergebnis möglichst umweltschonend ist. Die Schweiz kann man sogar als Vorbild nennen, denn sie hat schon viel Umweltschutz in ihrer Verkehrspolitik realisiert, und zwar erstens durch die Schiene und zweitens durch Untertunnelung. Tunnel sind meiner Ansicht nach immer eine landschaftserhaltende und schonende Maßnahme. Darin haben es die Schweizer schon zur Perfektion gebracht, während wir in Deutschland beim Straßenbau noch Hänge abtragen und ganze Wälder roden.

Früher gab es solche Probleme nicht. Das Gebirge wurde von denen genutzt, die dort lebten und die vom Gebirge lebten, das heißt von den Ortsansässigen, die ihr Vieh auf die Almen trieben, Holz schlugen und in einigen Fällen Salz aus der Erde geholt und Erze geschürft haben. Der frühere Vorsitzende des DAV, Fritz März, hat diese Zusammenhänge und ihre geschichtliche Verknüpfung im DAV-Jahrbuch 1996 glänzend beschrieben. Und es waren auch keine Umweltprobleme, die dafür sorgten, daß sich schon früh große Geister mit den Alpen und ihrer Schönheit beschäftigten: Francesco Petrarca, Konrad Gessner, Albrecht Dürer, Kaiser Maximilian, Leonardo da Vinci, Albrecht von Haller und auch Johann Wolfgang von Goethe.

Um das Gebirge schon immer gekümmert haben sich die Jäger, genauer gesagt, diejenigen, die das Jagdrecht besaßen. Nicht selten gerieten sie in Konflikte mit den Einheimischen, die dieses Recht in der Regel nicht hatten. Bergsteigen und Skifahren gibt es noch nicht so lange. Die Bergsteigerei begann Ende des 18., Anfang des 19. Jahrhunderts. Und auch die damaligen Bergsteiger – in der Mehrzahl waren es Engländer, die die ersten Viertausender in den Alpen eroberten – waren kein Problem für die noch intakte Natur in den Alpen.

Auch die Wissenschaftler, die aus geologischen, aber auch aus ökonomischen Gründen begannen, sich mit dem Gebirge zu beschäftigen, waren eher als Namensgeber denn als Umweltzerstörer tätig. So zum Beispiel der französische Geologe Dieudonné de Dolomieu. Er hatte den Unterschied zwischen Kalk- und Dolomitgestein herausgefunden. Kalkstein besteht aus Kalzium-Karbonat, Dolomit dagegen aus Kalzium und Magnesium-Karbonat. Diese Unterscheidung ist von großer Bedeutung, weil Kalkstein leichter von Säuren und Wasser angegriffen wird als Dolomitkalk. Im Kalkstein gibt es daher Rillen, die das Wasser in die glatten Platten frißt, wie zum Beispiel in der Neuner-Südwand. Durch das versickernde Wasser entstehen auch Höhlen. Deswegen haben nicht nur die Almbauern, sondern auch die Bergsteiger im Kalkgestein oft Probleme, an Wasser zu kommen. Die Dolomitfelsen habe spitze Formen, Türme, Zinnen, sogenannte Gendarmen, es gibt in ihnen viele Risse, Verschneidungen und Kamine, die sehr tief sein können. Das Klettern hier ist daher ausgesetzt und luftig und erfordert größere körperliche Anstrengung, mehr Muskelkraft als im Kalkgestein. Die Vaiolett-Türme im Rosengarten bestehen aus Dolomitgestein, die Marmolada aus Kalkgestein. Der Daint de Mesdi ist Dolomit, aber der Neuner und der Zehner in den Fanes-Bergen sind Kalkstein.

Leute, die solches und ähnliches herausfanden, haben zum besseren Verständnis der Natur beigetragen. Das gilt auch für die ersten Kletterer wie Michael Innerkofler, der als erster den Zwölfer in der Sextner Sonnenuhr bestiegen hat, oder Angelo Dibona aus Cortina, Paul Preuß, von dem schon die Rede war, oder Hans Dülfer, der berühmt geworden ist durch den Dülfersitz, mit dem man sich abseilen kann. Diese Methode ist allerdings heute völlig aus der Mode gekommen, weil sie mit starker Reibung am Hosenboden und am Rücken verbunden ist. Anstelle dieses Dülfersitzes gibt es heute die modernen Abseilbremsen, wie zum Beispiel den Abseilachter.

Der Vorwurf des Umweltfrevels kann auch nicht für die vielen anderen großen Bergsteiger und Kletterer gelten wie Georg Winkler, Hans Steger, Riccardo Cassin, Cesare Thome, Paul Grohmann, der den Langkofel erschloß. Oder für Otto Preuß, Tita Piaz, Hans Vinazer, Ettore Castiglione, Bruno Detassis, Emil Solleder und Emilio Comici am Anfang dieses Jahrhunderts. Sie alle kletterten fast ohne Haken und in den Wänden nur auf kletterbaren Passagen.

Nach dem Zweiten Weltkrieg entwickelte sich eine neue Richtung des Bergsteigens. Das bergsteigerische Können verbesserte sich entscheidend; der VI. Schwierigkeitsgrad, der ein halbes

Jahrhundert lang als Maximum der Möglichkeiten gegolten hatte, wurde von Schwierigkeitsgraden bis zur Nummer IX »überholt« und übertroffen. Das Sportklettern entwickelte sich zu einem eigenen Zweig des Bergsteigens, und durch die bessere Ausrüstung wurden das Klettern und das schwierigere Bergsteigen sowie auch kombinierte Touren in Fels und Eis für immer mehr Menschen möglich. Der Deutsche Alpenverein zählt heute über 600 000 Mitglieder. Die Zahl der nicht organisierten Bergsportler, vor allem die der Skifahrer, geht in die Millionen. Die Erschließung der Skigebiete, verbunden mit der Regulierung der Wildflüsse und dem Planieren von Skipisten, waren der Beginn der eigentlichen Umweltgefährdung von Gebirge und Alpen. Hinzu kommt, daß die Bergsteiger und Kletterer sich nicht mehr ausschließlich in den Alpen bewegen, sondern die Mittelgebirge als »richtige« Berge und die dort vorhandenen Felsen als gute Klettermöglichkeiten erkannt und erschlossen haben.

Man kann meiner Auffassung nach den Streit zwischen Naturschutz und Natursport nicht gerecht beurteilen, wenn man sich nicht klarmacht, daß wir die Zeitzeugen großer Umbrüche sind, wie sie die Menschheit so noch nicht erlebt hat. Die Stichworte sind: Informations-, Bio- und Gentechnologie, Automatisierung, Globalisierung und die damit verbundene zunehmende Mobilität der Menschen. Es wird sich herausstellen, daß die Menschen gerade in einer solchen Zeit Sicherheit und Stabilität brauchen, wenn sie auch in Zukunft in einer Gesellschaft mit menschlichem Gesicht leben wollen. Gerade dann, wenn sie, ohne Schaden zu nehmen, Globalisierung und Mobilität akzeptieren sollen, ist es wichtig, daß sie ihre Identität und ihre Wurzeln behalten können, daß sie sich dort, wo sie leben, zu Hause fühlen können: in der Familie, in einem Verein und besonders auch in der Natur. Zu dieser Natur gehören auch die Berge und das Gebirge. Für Hunderttausende, ja Millionen von Menschen sind die Berge, auch wenn sie dort gar nicht wohnen, eine Art Heimat, weil sie sich dort Jahr für Jahr erholen und das Gelände oft besser kennen als die Einheimischen im Tal. Deswegen reden diese Menschen oft von ihrer Bergheimat, die ihnen eben besonders ans Herz gewachsen ist. Hier suchen und finden sie Geborgenheit und Freude. Das ist die große zivilisatorische und moralische Bedeutung der Berge und damit auch des Bergsteigens. Auf der anderen Seite muß dieser gesellschaftspolitische Nutzen mit den Bedürfnissen der Umwelt auf einen Nenner gebracht werden.

Grundsätzlich muß klar sein, daß, wie jede Pflanze und jedes Tier, eben auch der Mensch zur

Natur gehört. Das Zukunftsinteresse des Menschen verlangt es, die Schöpfung zu bewahren. Und deswegen darf es keinen dauerhaften Konflikt zwischen der Nutzung der Natur durch den Menschen einerseits und der Natur andererseits geben. Sicher ist Natursport auch eine Form der Naturnutzung, aber keinesfalls die bedeutsamste. Natürlich wird die Belastung der Natur immer größer. Dies hat aber vor allem wirtschaftliche und verkehrspolitische Gründe. Allerdings hat auch die Beanspruchung der Natur in der Freizeit zugenommen und ist mehr oder weniger jahreszeitlich unabhängig geworden, bedingt vor allem durch die bessere Ausrüstung, die Natursport, vom Joggen bis zum Klettern, nun auch in den Wintermonaten erlaubt. Naturschützer und Natursportler müssen zusammenstehen und die eigentlichen Ursachen für die Naturzerstörung gemeinsam bekämpfen: zum Beispiel die Ausrottung wildlebender Tiere, Monokulturen, Agrarfabriken, Einsatz von Pestiziden, Überdüngung, Kahlschläge, Entwässerungen, Überfischungen, CO_2- und FCKW-Emissionen, Ausbeutung und Armut, Überbevölkerung, genetische Uniformität von Sorten und Arten und die damit verbundene Abhängigkeit von Chemikalien. Dies sind die eigentlichen Bedrohungen der Artenvielfalt und des ökologischen Gleichgewichts. Natursport spielt demgegenüber als Belastung für die Natur eine untergeordnete Rolle. Das gilt sowohl für Kanuten wie für Gleitschirmflieger, aber auch für die große Masse der Mountain-Biker, und natürlich auch für die Bergsteiger, Kletterer und Alpinisten, und mit Einschränkungen auch für die Skibergsteiger. Verbote für einzelne Natursportarten, zum Beispiel die Sperrung von Kletterfelsen und Gewässern, der Entzug von Startgenehmigungen für Paraglider, die Sperrung von Forstwegen für Radfahrer oder gar Betretungsverbote der Wälder, wie es einzelne Jagdverbände fordern, entlasten die Natur nicht nennenswert. Sie bewirken aber, daß die Natursportler – in der Regel gutwillige Menschen – sich ungerecht behandelt und ausgegrenzt fühlen und deswegen auch dem Naturschutz als Mitstreiter verlorengehen. Viele Kletterer, aber auch Bergsteiger, fühlen sich oft als Sündenböcke für die Versäumnisse bei den wirklichen Ursachen der Naturzerstörung.

Richtig verstanden ist der Kletterer und Bergsteiger auch in gleicher Verantwortung und in gleichem Ausmaße Naturschützer, und zwar in seinem eigenen Interesse. Er kann nämlich seinen Sport sinnvoll nur so lange und nur dann ausüben, wenn die Natur intakt bleibt.

Wenn der Sinn für Naturschutz weiter gestärkt werden soll, dann müssen die Menschen die Natur auch in ihrer Vielfalt und Schönheit selbst erleben können. Naturschutz darf also nicht als Alibiveranstaltung verstanden werden, um davon abzulenken, daß die Naturschutzverbände bei der Bekämpfung der eigentlichen Ursachen der Umweltzerstörung nur wenige Erfolge zu verzeichnen haben. Das gilt zum Beispiel für das Sperren von Startplätzen für Gleitschirmflieger oder ganzjährige Totalverbote von Kletterfelsen, obwohl die schützenswerten Falken dort nur von April bis August nisten und brüten. Im Normalfall sind Bergsteiger und Kletterer keine Egozentriker, zu denen sie aber werden könnten, sollte sich eine alternativ-radikale Ausgrenzung mit Totalsperrungen und ähnlichem durchsetzen. Der Alpenraum wird nicht durch Bergsteiger oder Kletterer oder Gleitschirmflieger gefährdet; er wird jedoch immer mehr zum Opfer des kommerzialisierten Massentourismus, des zunehmenden Straßenverkehrs und sogenannter Erschließungsmaßnahmen. Deshalb muß der Autoverkehr und nicht das Klettern in den Alpen drastisch eingeschränkt werden, zum Beispiel durch den Bau von Transittunnels, die Verlagerung der Lastwagen und des Fernverkehrs auf die Schiene, aber auch durch die Einrichtung von sogenannten Fußgängerzonen für bestimmte Alpentäler, die dann für den Autoverkehr gesperrt werden müssen. Auch sollten keine neuen Skigebiete mit den dazugehörigen Aufstiegshilfen geschaffen und auch keine neuen Hütten mehr gebaut werden, so wie dies der Deutsche Alpenverein schon vor Jahren beschlossen hat und einhält. Die Natursportverbände, die Bergsteiger, Kletterer, Skibergsteiger, Wanderer, Gleitschirmflieger, Kanuten, Ruderer, Radfahrer, die Naturfreunde, die Taucher müssen in die umwelterhaltenden Maßnahmen einbezogen werden, denn ihre Mitglieder bringen aus ureigenstem Interesse die Bereitschaft mit, die Umwelt zu erhalten.

Totalsperrungen und Verbote haben auch die unsinnige Folge, daß es zu Verdrängungen in andere Gebiete kommt. Die Schönheit der Landschaft und die Kühnheit der Felsen in der Südpfalz, meiner Heimat und meinem Wahlkreis, haben natürlich für viele Kletterer eine große Anziehungskraft. Der Run auf die berühmten Felsen des Wasgaus, eines der bedeutendsten Sandsteingebirge Westeuropas mit achtzig freistehenden Felstürmen und einhundertvierzig Felsmassiven aus rotem Sandstein in dunklen Kiefernwäldern, ist groß. Asselstein, Backelstein, Fladenstein, Hochstein, Klosterfels, Lämmerfels, Luger Friedrich, Rödelstein, Jungturm, Trifels, die alte Reichsfeste, haben schwere und interessante Kletterrouten zu bieten. Der Andrang wird nun noch stärker, weil Baden-Württemberg und Nordrhein-Westfalen unsinnigerweise totale Kletterverbote für die meisten Felsen des Landes verhängt haben und schwäbische und nordrhein-westfälische Kletterer daher in die Pfalz oder in den Frankenjura ausweichen. Die Handhabung gerade in der Südpfalz, aber auch in anderen Gegenden beweist, daß Natur und Sport, Fortschritt und die Einhaltung von Regeln keine Gegensätze sein müssen. Daß Kompromisse möglich sind, beweist die Arbeit des »Arbeitskreises Klettern und Naturschutz Pfalz«, dem die Klettersport-Vereine und alle im Wasgau tätigen Natur- und Vogelschutzverbände angehören. Ein wichtiges Thema ist das Brüten der Wanderfalken. Die Brutfelsen der Wanderfalken werden nach gegenseitiger Absprache lediglich während der Brut- und Aufzuchtphase vom 1. Februar bis maximal 1. August gesperrt. Durch dieses vernünftige Miteinander konnte erreicht werden, daß es im Gegensatz zu fast allen Mittelgebirgs-Klettergebieten Deutschlands in der Südpfalz keine ganzjährigen Felssperrungen gibt. Eine ähnlich gute Zusammenarbeit gibt es im übrigen auch in Bayern, wo zum Beispiel das »Kuratorium Sport und Natur« dem Deutschen Alpenverein und den Naturschutzverbänden im Pegnitztal den Outdoor-Umweltpreis zuerkannt hat.

Die Natursportler müssen selbst dafür sorgen, daß sie mit der Natur nicht rücksichtslos, sondern schonend umgehen. Mountain-Biking ist gut, aber manche Biker heizen die Almwiesen hinunter und reißen die Grasnarbe auf. Das ist ein Ärgernis, läßt sich aber abstellen: Die Seilbahnbetreiber oder die Gemeinden müssen verbieten, daß Räder in Bergbahnen auf den Berg transportiert werden. Vom Berg herunterzurasen ist ohnehin keine sportliche Leistung. Dasselbe gilt für das Helikopter-Skiing. Beides ist höchstens Nervenkitzel. Deswegen sollte auch Helikopter-Skiing verboten werden. Wer einen Berg selber hinaufgeradelt ist, wer einen Berg selber mit Fellen unter den Ski erstiegen hat, der wird nicht wie ein Idiot hinunterbrettern, die Flora kaputtmachen und die Tiere vertreiben. Vernunft, Toleranz und Verantwortungsbewußtsein sollten das Verhalten der Kletterer, Wanderer, Natur- und Vogelschützer, aber auch der Behörden bestimmen. Deswegen muß auch im Rahmen des Naturschutzrechts den Natursportverbänden immer dann ein Mitspracherecht gewährt werden, wenn es um ihre Belange geht.

Sport ist generell ein wichtiges Bedürfnis der heutigen Menschheit. Die Weltbevölkerung nimmt zu, ihre Produktivität steigt. Dadurch sinkt die Arbeitszeit, und die Arbeit wird physisch leichter, körperliche Belastungen und Anforderungen werden geringer. Andererseits ist der Mensch von Anbeginn darauf eingerichtet, sein Überleben durch härtesten Einsatz seiner Kräfte zu erkämpfen. Durch die heutige Entwicklung werden Kräfte des Menschen frei, die er früher zum Überleben brauchte. Wenn diese Kräfte nicht sinnvoll eingesetzt werden können, kommt es zu Fehlentwicklungen wie Langeweile, Gewalt und Drogenkonsum. Dieser Trend ist globaler Natur und nicht auf die Industrieländer beschränkt. Sport, vor allem Sport in der Natur, ist ein Ausweg. Gerade das Bergsteigen in allen seinen Formen bietet für breite Bevökerungsschichten eine gute Möglichkeit, sich körperlich und geistig zu betätigen. Gemeinsame Erlebnisse in der Natur stärken die Bindung und den Zusammenhalt in Familie und Freundeskreis. Außerdem bringt der Bergtourismus Wohlstand in vernachlässigte Regionen und wirkt dadurch der Abwanderung entgegen. Bergsteigen ist ein Grundrecht des Menschen. Also: Freiheit für das Bergsteigen, aber mit Umsicht und mit Rücksicht auf die Natur.

Zehn Tage Dolomiten

Mitte Juli 1996 fahre ich mit Dominik in die Dolomiten zum Klettern. Wir kaufen in Stuttgart noch ein neues Seil. Wir klettern immer mit zwei 50-Meter-Seilen. Das ist in den Dolomiten besonders für das Abseilen wichtig. Eine Tour, die wir uns vorgenommen haben, nämlich die Rizzi-Führe auf den Daint de Mesdi, verlangt für den Abstieg besonders aufwendige Seilmanöver mit langen Quergängen und Abseilpisten. Am Samstag, dem 13. Juli, sind wir noch in Hagenbach in der Südpfalz auf dem Brunnenfest, am Sonntagmorgen geht es endlich los. Wir wollen nach Kolfuschg, unterhalb des Grödnerjochs, und im Sella-Gebiet klettern. In allen Führern steht, daß der Piz Ciavaces, überhaupt der gesamte Sellastock, inzwischen zum großen Klettergarten geworden sei. So heißt es im Alpenvereinsführer von Richard Goedeke, ›Sella und Langkofel‹, die Sella-Gruppe gelte weithin als alpiner Klettergarten für durchwachsenes Wetter: kurze Zugänge und leichte Abstiege und gegliederte Bändersysteme, auf denen natürliche Ausquermöglichkeiten bestehen. Aber die Wahrheit ist, daß es in diesem riesigen Felsstock auch viele große und schwierige Kletterführen gibt.

Wir nehmen uns vor, keine Zeit zu verschwenden und am Sonntagabend, bevor wir uns in Kolfuschg einquartieren, eine leichte Eingehtour zu machen. Was kommt dafür in Frage? Natürlich der kleine Falzarego-Turm. 500 Meter unterhalb des Falzarego-Passes geht es in 30 Minuten zum Einstieg. Wir sind um 17 Uhr da, fangen um 18 Uhr an zu klettern. Dominik hatte mir im Auto, worauf ich bestanden hatte, eine Dreier- und Vierer-Tour versprochen. – Aber als was stellt sie sich heraus? Gleich die erste Seillänge bringt einen Fünfer-Schwierigkeitsgrad. Daß der gelbe Kamin, in den wir am Anfang der Kletterei hineingeraten, Comici-Kamin heißt – zur Erinnerung an einen der berühmtesten Bergsteiger Italiens –, hilft mir nichts und kann mich auch nicht davon abhalten, Dominik, dessen Standplatz ich gar nicht sehen kann, sozusagen ins Blaue hinein zu beschimpfen. Da ich darauf bestehe, nicht gleich am Anfang in einen Haken zu fassen, brauchen wir für die ersten beiden Seillängen eine gute Stunde. Ich bin vorgewarnt. Der Rest geht schnell. Die Route ist offenbar der Klettergarten für die italienischen Alpini. Dunkelgrüne Pfeile machen selbst für verträumte Kletterer irgendwelche Verhauer unmöglich. Und die Standplätze sind mit Chiodi a pressione, zu deutsch Bohrhaken, ausgerüstet, so daß diese Tour zu einer sorgenfreien Genußkletterei wird.

Am Montag ist das Wetter nicht so gut, und wir erinnern uns an die Weisheiten von Richard Goedeke, was den Klettergarten Piz Ciavaces betrifft. Wir suchen uns etwas Leichteres und hoffen, daß das unsichere Wetter die Leute davon abhält, so etwas Unnötiges wie eine Klettertour aufs Gamsband zu machen. Aber bis wir über die beiden Pässe, das Grödnerjoch und das Sellajoch, zum Einstieg gekurvt sind, ist das Wetter schon wieder schön geworden, und wir finden das vor, was typisch für einen Klettergarten ist: Wir sind nicht allein, sondern stehen Schlange. Wir klettern die Rampenführe in der Südwand: eine Stelle IV+, 50 Meter IV, mehrere Stellen IV–, der Rest leichter. Im Führer heißt es, dies sei eine sehr empfehlenswerte Tour in meist gutem Fels. Über uns klettert ein Ehepaar. Bereits in der zweiten Seillänge kommt der Mann vor einem kleinen Übergang nicht mehr weiter. Dominik klettert an ihm vorbei, und ich will nachklettern, da bittet er mich, ihn mit an das Seil zu nehmen. Ich denke, das kann ja heiter werden, und sage, ich muß erst Dominik fragen, wie gut sein Stand ist. Möglicherweise kann er drei Leute an seinem Standhaken oben nicht halten, wenn einer stürzt und die anderen mitreißt. Das sieht der Mann ein, Dominik aber auch. Er legt zusätzlich zum Standhaken einen Klemmi, setzt einen Friend und baut eine klassische Drei-Punkte-Sicherung, mit deren Hilfe die andere Seilschaft sicher nach oben gebracht wird. Jetzt sind wir eine Vierer-Seilschaft, sozusagen eine alpine Sozialstation. Einen Vorteil hat die Sache: Die Leute sind hinter uns, und die Steinlawinen, die sie auslösen, können allenfalls die Nachkommenden treffen, von denen aber plötzlich nichts mehr zu sehen ist. Das vorangegangene Bombardement hat sie offensichtlich wieder auf die Sella-Straße hinuntergetrieben. Auf dem Gamsband oben haben wir keine Lust mehr, weiterzuklettern, legen uns in die Sonne – das Ehepaar ist verschwunden – und schwören uns, in den nächsten Tagen keinen Klettergarten mehr zu besuchen. Die Wanderung auf dem Gamsband bis zum ersten Sellaturm entschädigt uns für den leichten Ärger, den wir bei der Kletterei gehabt haben.

Das Gamsband zieht sich mitten durch die Wand des Piz Ciavaces. Im Osten schaut man auf eine der rasantesten Klettertouren in den Dolomiten: die »Fedele« in der Nordwest-Wand der Pordoispitze. Weiter hinten, was man allerdings von hier aus nicht sehen kann, kommt die Südkante der Pordoispitze, die ich vor Jahren mit Dominik geklettert bin.

Der Süddeutsche Rundfunk hatte damals die Sendung ›Der schwarze General‹ gedreht – eine Anspielung auf mein damaliges Amt des Generalsekretärs der CDU. Unter den Klängen des Walkürenritts aus Richard Wagners ›Götterdämmerung‹ wurde die ausgesetzte, schwierige und für den Zuschauer leicht atemberaubende Kletterei gezeigt. Um sie zu filmen, war zuvor der Geschäftsführer der Pordoijoch-Kabinenbahn durch größere Geldbeträge bewogen worden, das Filmen aus der angehaltenen Gondel unmittelbar neben der Kante zu ermöglichen.

Vom Gamsband aus hat man einen herrlichen Blick zum Langkofel und zum Rosengarten, bis hin zur Civetta und zum Monte Pelmo. Das Schauen und Gehen tut der Seele wohl, und man hat nicht mit dem zu rechnen, was einem normalerweise beim Abstieg in den Dolomiten blüht: steile steinschlaggefährdete, mit Eis gefüllte Rinnen, deren Bewältigung oft gefährlicher ist als der Aufstieg durch die Wand.

In Kolfuschg sind wir im »Kolfuschger Hof« untergebracht. Vom Balkon aus kann man direkt in das Herz des Sella-Stocks hineinsehen, in das Mittagstal, auf ladinisch Val de Mesdi. In ihm erhebt sich markant und wie ein großer Zeigefinger ein schlanker hoher Felsturm, der Mittagszahn, der Daint de Mesdi. Er zeigt wie eine große natürliche Sonnenuhr den Menschen im Kolfuschger Tal die Tageszeit an. Viele Berge in den Dolomiten haben Namen, die mit der Uhrzeit zusammenhängen. So zum Beispiel im Fanesgebiet der Neuner mit seinen großartigen Plattenklettereien in der Südwand, der Zehner und der Zwölfer-Kogel.

Der Daint de Mesdi hat keinen einfachen Normalweg. Das bekommen auch diejenigen zu spüren, die über schwierigere Routen hochgeklettert sind und anschließend leichter absteigen wollen. Wir gehen um 6 Uhr los und steigen ungefähr bis zur Mitte des Mittagstales unterhalb der Scharte zwischen Daint de Mesdi und Bec de Mesdi. Wir wollen die Rizzi-Tomasson-Führe durch die Südwand klettern. Im Führer heißt es: Anstieg durch eine Schluchtrinne. Das ist etwas tiefgestapelt. Denn es handelt sich um eine steile, mit Eis und Schnee durchsetzte und mit lockerem Geröll und wackeligen Blöcken ausgestattete Schlucht. Wir haben natürlich Turnschuhe an, keine Pickel dabei und die Kletterschuhe, die hier wegen der glatten Sohlen gefährlich gewesen wären, im Rucksack. Unsere Fortbewegungshilfen bestehen aus spitzen, langen, abgesplitterten Steinen, die wir, sie als Handkeile benutzend, in die steilen Schneefelder hineinschlagen und so gleichzeitig Tritte für die Turnschuhe schaffen. Dominik klettert schnell, ich verliere ihn nach ungefähr zwanzig Minuten aus den Augen. Die Rinne ist stellenweise so heikel, daß ich fürchte, ich sei längst über das Einstiegsband hinausgestiegen, zumal ich von Dominik nichts mehr höre. Als es wirklich nicht mehr weitergeht, schaue ich nach rechts und sehe Dominiks Steinschlaghelm auf einem Band liegen. Ich quere hinaus und treffe ihn achtzig Meter weiter rechts an der Kante beim Einstieg. Auf die Frage, was er eigentlich gemacht hätte, wenn ich da nicht hochgekommen wäre, sagt er: »Null Problem, es hat in der Schlucht ununterbrochen gerumst und gerumpelt. Du hast ja einen Stein nach dem anderen runtergelassen, es war klar, daß du lebst.« Daß ich auch der letzte dieser Rumpler hätte sein können, auf die Idee ist er nicht gekommen. Die Klettertour ist bezaubernd schön. Nach einigen Seillängen steckt man in einem Kamin und sieht über sich nur noch ein Fleckchen Himmel. Eine Dreiviertelstunde lang ist es schwarz über uns. Das Letzte, was wir jetzt brauchen könnten, wäre ein Gewitter. Dominik wird ungeduldig, aber Kaminklettern war noch nie mein Fall, vor allem nicht mit Rucksack. Auch hat mich wieder das Schicksal des nachfolgenden Kletterers ereilt – ich habe das Gepäck zu tragen. Sich mit Rucksack einen engen Kamin hochzustemmen, ist der reine Frust. Es wird nur dadurch erträglich, daß sich das Loch oben wieder blau färbt; das Gewitter war doch kein Gewitter.

Nach herrlicher Kletterei durch nahezu senkrechte Wände, Risse und Kamine kommt man schließlich über den Vorgipfel zum Hauptgipfel und sieht das Mittagstal von oben, den Boé-Seekofel von Westen und die riesige Hochfläche des Sella-Stocks im Süden. Der Abstieg ist ein Abenteuer mit Quergängen und mehrfachem Abseilen. Selbst im Sella-Langkofel-Führer des DAV habe ich nur zwei Abstiegstopoi gefunden, nämlich vom Langkofel und vom Daint de Mesdi. Das sagt alles. Ist man glücklich unten, ist man noch lange nicht am Ziel. Man darf nicht der Versuchung erliegen, direkt ins Mittagstal abzusteigen. Die Unternehmung endet sonst in wüsten Abbrüchen. Es geht statt dessen über das Val di Tita bis zur Pisciadú-Hütte, wo man normalerweise übernachtet. Wir sind um 20 Uhr dort, trinken zwei Bier und beginnen dann den auch nicht harmlosen Teil der Tour, den Abstieg über den Pisciadú-Klettersteig mit ungefähr 600 Metern Länge und senkrechten Abbrüchen oberhalb eines großartigen Wasserfalles. Um 21.30 Uhr sind wir unten, die Hände schwarz von Draht und Eisen, und um 22 Uhr im Hotel, wo ein aufmerksamer Wirt uns nach sechzehn Stunden Kletterei auf das Angenehmste bewirtet.

Der nächste Tag gehört der Erholung. Wir wandern zu den Cinque Torri, wo wir aber überhaupt nicht klettern, sondern nur zwischen den einzelnen Türmen herumlaufen und die Kletterer begutachten. Außerdem nehmen wir ausreichend Kohlenhydrate, das heißt mehrere Teller Nudeln zu uns, um für den morgigen Tag wieder gerüstet zu sein. Da geht es nämlich in die alte Südwand des Sass da Ciampac. Der Ciampac, der auf der Nordseite des Kolfuschger Tales unmittelbar über den Wiesen mit seiner Südwand in die Höhe geht, hat eine Reihe von sehr ausgeprägten Pfeilern. Der Pfeiler, über den wir klettern wollen, beginnt einige hundert Meter direkt oberhalb unseres Hotels. Wir sind aber zu faul, direkt aufzusteigen, und fahren daher – mit dem gehörigen umweltpolitischen Schuldbewußtsein – mit dem Auto auf das Grödnerjoch und werden dort morgens um 6 Uhr auch prompt von dem Insassen eines dort parkenden Wohnmobils angesprochen, der mich an der Stimme erkannt hat und von mir durch die Fensterluke einen Termin will, um ein bestimmtes Umweltprojekt durchzusetzen.

Vom Grödnerjoch laufen wir dann fast waagerecht zum Einstieg hinüber. Der Pfeiler zieht sich wie eine Rampe nach oben und bietet in festem, rauhem und gut griffigem Fels schöne, aber auch schwierige Klettereien im Schwierigkeitsgrad V. Wie am Piz Ciavaces ist auch hier der Abstieg herrlich und angenehm, ohne Anstrengung, gut geeignet für viele Gespräche und zum ausgiebigen Betrachten der Landschaft, vor allem des gegenüberliegenden Sella-Stocks. Auch die vorangegangene Tour auf den Daint de Mesdi kann angesichts der Nadel, die aus dem Mittagstal herausragt, noch einmal ausgiebig erörtert werden.

Am nächsten Tag fahren wir nach Corvara hinunter, mit der Boé-Seilbahn auf den Crep de Mont und liften in den Vallonkessel. Der Vallonkessel ist ein riesiges Amphitheater unterhalb der Ostwand des Boé-Seekofels. In dieser Wand gibt es eine Kletterroute, die nach ihren Erstbegehern Castigligoni/Detassis-Führe heißt. Die Tour hat durchgehend den Schwierigkeitsgrad IV und IV+ und an diesem Tag – es ist noch relativ früh im Sommer – den Nachteil, daß gegen Mittag der Kamin, in dem durchgehend nach oben geklettert werden muß, sich in einen kleinen Wasserfall verwandelt. Aber da wir damit gerechnet haben, ist das Ganze ein Riesenspaß.

Dominik fährt noch am selben Tag mit dem Schlafwagen nach Mainz zurück. Ich bringe ihn noch nach Sterzing zum Zug. Ich aber steige in den nächsten Tagen aus lauter Begeisterung noch solo auf den Sass Songher, die Cima del Lago, die Tofana di Rozes und auf den Col di Lana. Ich habe mein Herz an Südtirol verloren, so könnte man es ausdrücken, wenn ein solcher Satz nicht den liebsten Menschen vorbehalten wäre, die man auf der Welt hat.

Heiner Geißler, geboren 1930, Studium der Philosophie und Rechtswissenschaft, war dreizehn Jahre Minister, zuerst in Rheinland-Pfalz, dann im Bund. Als langjähriger Generalsekretär der CDU prägte er die Politik seiner Partei wie kaum ein anderer. Geißler sucht die Herausforderung, für die es wache Sinne, klaren Geist, ruhige Überlegung und manchmal auch den Mut zum Umkehren braucht. Mehrere Buchveröffentlichungen, darunter: ›Was würde Jesus heute sagen?‹.

Berge –
eine Leidenschaft
75 Jahre BERGSTEIGER: 1938 - Riccardo Cassin und der Walkerpfeiler
TOUREN | TESTS | SERVICE
Bergsteiger
WANDERN · KLETTERSTEIGE · HOCHTOUREN · SKITOUREN
Brandaktuell!
Ausrüstungs-News von der ISPO
Bergell
Der Panoramaweg nach Soglio
Lechtaler Alpen
Die schönsten Frühjahrs-Skitouren
Leistungstest
Wie fit sind Sie wirklich?
Skidurchquerungen
· Haute Route
· Berner Alpen
· Rätikon
· Berchtesgaden
Die Top-Touren
SÜD-SEE
• Luganer See • Gardasee
GROSSE MARKTÜBERSICHT
Daunenschlafsäcke für Bergsteiger
KAUFBERATUNG
Wasserdichte Rucksäcke
12 TOURENBLÄTTER ZUM SAMMELN
• Herausnehmbare Tourenkarten
• Fundierte Ausrüstungstests
• Bergsteiger Know-how von Profis
• Die schönsten Tourengebiete in den Alpen
Jeden Monat am Kiosk!
» oder online blättern und günstiges Testabo sichern
unter: www.bergsteiger.de